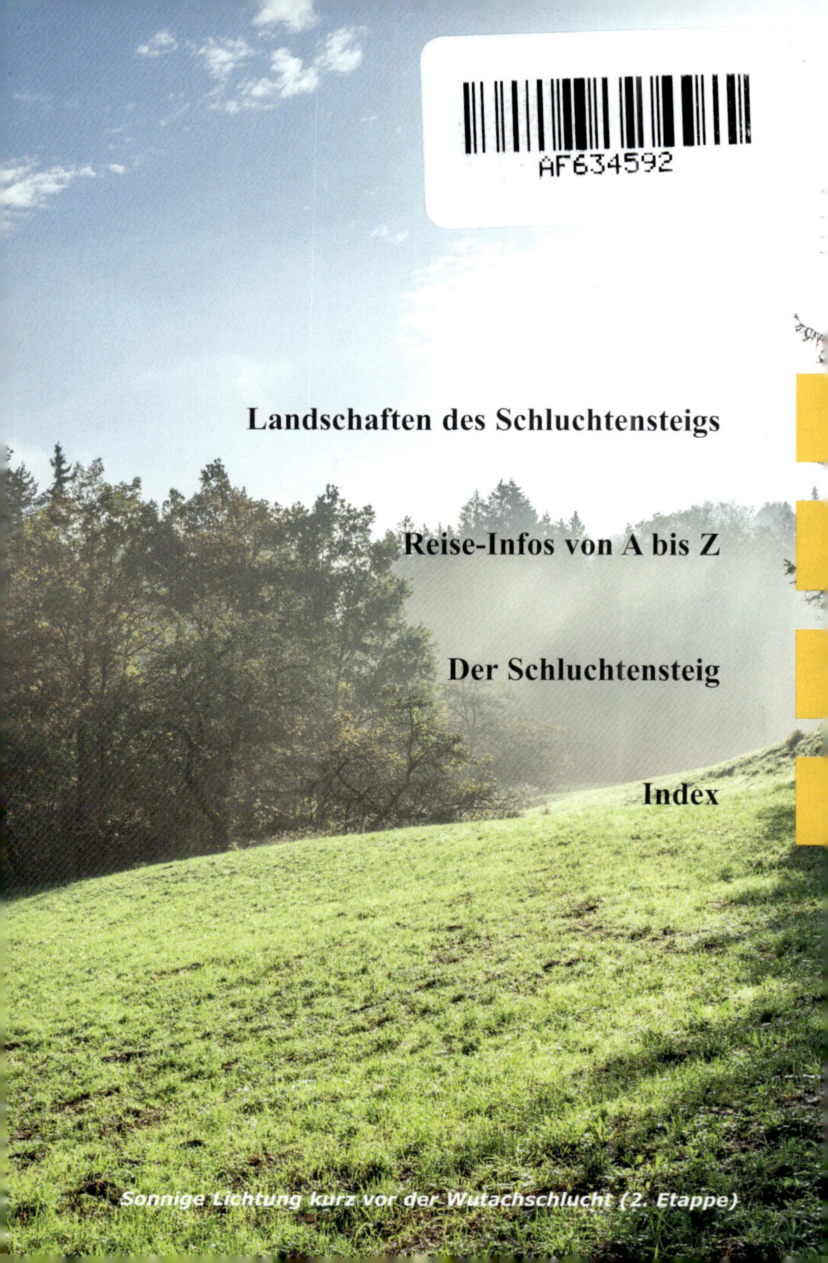

Sonnige Lichtung kurz vor der Wutachschlucht (2. Etappe)

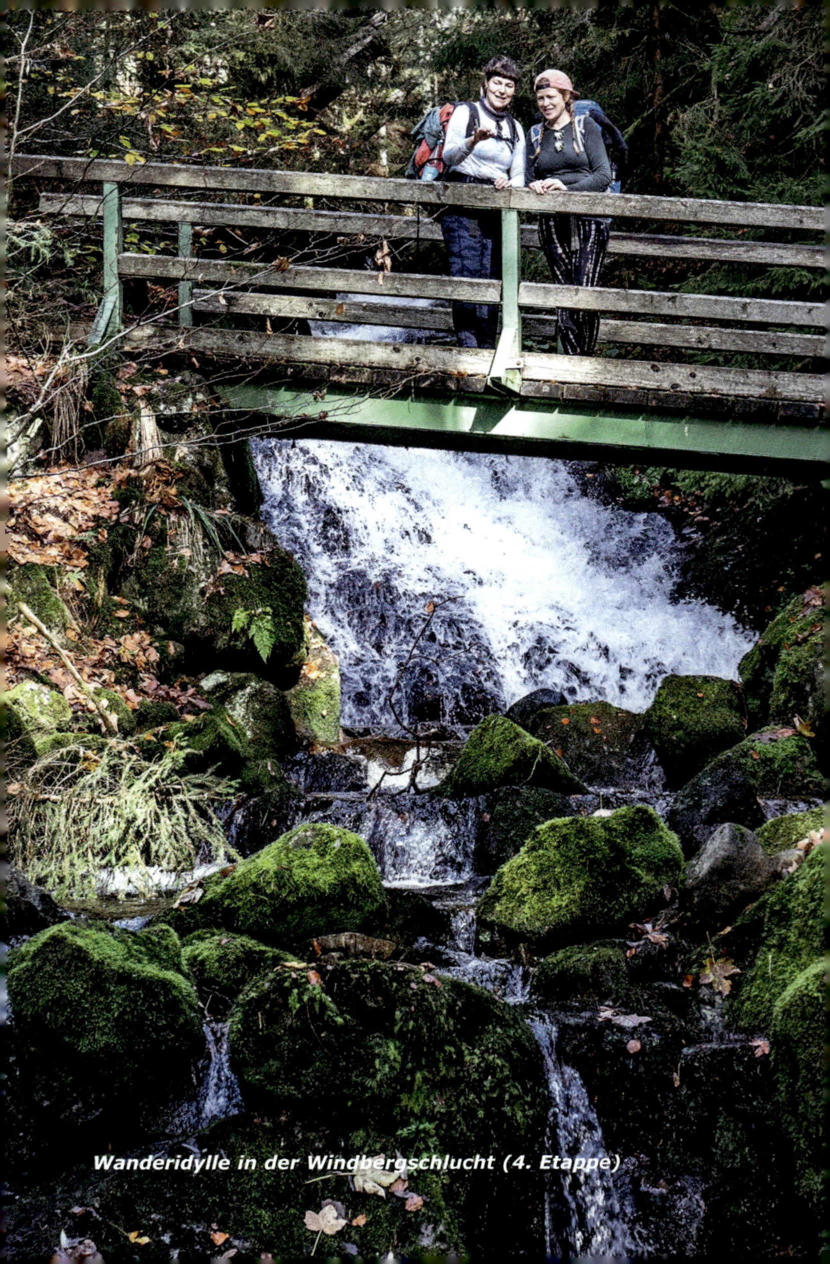

Wanderidylle in der Windbergschlucht (4. Etappe)

Band 356

OutdoorHandbuch

Michael Hennemann und Timm Humpfer

Schluchtensteig

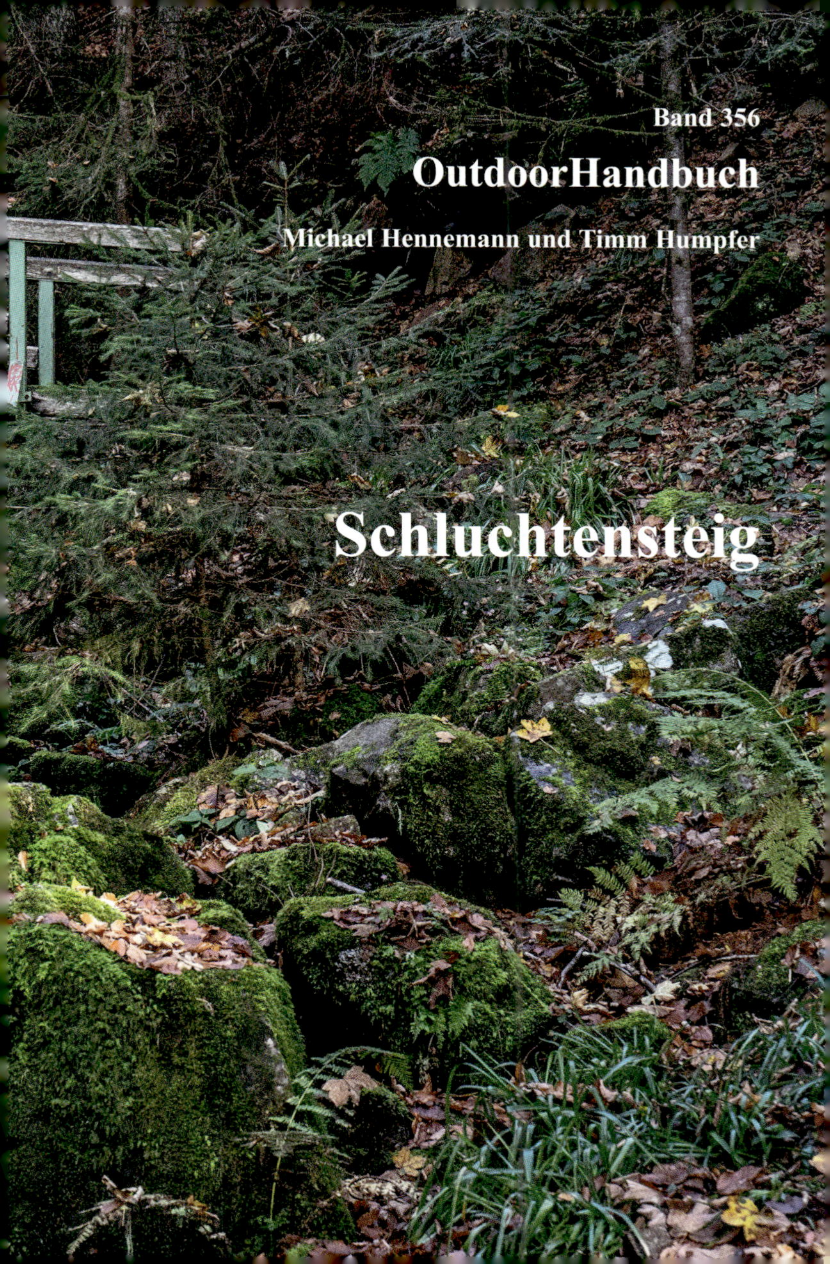

Schluchtensteig

Dieses OutdoorHandbuch wurde konzipiert und redaktionell erstellt vom:

Conrad Stein Verlag GmbH
Kiefernstr. 6, 59514 Welver
☏ 023 84/96 39 12
info@conrad-stein-verlag.de
www.conrad-stein-verlag.de
www.facebook.com/outdoorverlag
www.instagram.com/outdoorverlag

Klimaneutral
Druckprodukt
ClimatePartner.com/53106-2306-1003

Als Outdoor-Verlag sind uns der Schutz und die Erhaltung der Natur seit jeher ein besonderes Anliegen. Auch in Sachen Klimaschutz haben wir eine Vorreiterrolle inne: Wir sind der einzige Buchverlag in Deutschland, der bereits seit 2008 seine Bücher konsequent klimaneutral in Deutschland produzieren und transportieren lässt. Dabei wird nicht nur klimaneutral, sondern auch nachhaltig, d. h. so umweltschonend wie möglich produziert, z. B. durch die Auswahl von umweltfreundlichen Materialien. Die bei der Produktion der Bücher entstandenen CO_2-Emissionen werden durch die Unterstützung von zertifizierten Klimaschutzprojekten ausgeglichen. Jedes Buch wird daher mit dem Logo „klimaneutral“ und einer Climate-Partner-Zertifikatsnummer versehen. Mithilfe dieser Nummer können Sie unter www.climatepartner.com Informationen zu der eingesparten CO_2-Menge und dem Projekt finden, das mit der Abgabe gefördert wird.

Das Engagement des Conrad Stein Verlags wurde im Rahmen des Projekts „Klimaneutraler Buchverlag“ mit dem Westenergie Klimaschutzpreis 2022 ausgezeichnet.

OutdoorHandbuch Band 356

ISBN 978-3-86686-820-5 2., überarbeitete Auflage 2023

Text und Fotos: Michael Hennemann und Timm Humpfer
Karten: Dieter Großelohmann
Lektorat: Amrei Risse und Marie-Luise Großelohmann
Layout: Ricarda Kuschma

Gesamtherstellung: AZ Druck und Datentechnik GmbH, Kempten

Dieses OutdoorHandbuch hat 96 Seiten mit 41 farbigen Abbildungen sowie 11 farbigen Kartenskizzen im Maßstab 1:75.000, 6 farbigen Höhenprofilen und einer farbigen, ausklappbaren Übersichtskarte.

Autoren und Verlag freuen sich über Ihr Feedback. Schreiben Sie Ihre Tipps und Verbesserungen an info@conrad-stein-verlag.de oder nutzen Sie unsere Social-Media-Kanäle. Bitte nennen Sie dabei Titel, Auflage und Seitennummer.

Dieses Buch ist im Buchhandel und in Ausrüstungsläden erhältlich und kann im Internet oder direkt beim Verlag bestellt werden.

Titelfoto: Unterwegs in der Haslachklamm (© Michael Hennemann)

Inhalt

Vorwort

Ganz im Südwesten der Republik führt der Schluchtensteig auf knapp 120 km von Stühlingen an der Grenze zur Schweiz in einem Bogen über den Schluchsee nach Wehr, einmal quer durch den Naturpark Südschwarzwald.

Hier hat die Kraft des Wassers tiefe, dunkle und kühle Schluchten in die Berge genagt und der Schluchtensteig verbindet mit Wutachschlucht, Haslachklamm, Windbergschlucht und Hohwehraschlucht die schönsten und bekanntesten Schluchten des Südschwarzwalds zu einem Fernwanderweg der Extraklasse. Er ist aber kein reiner Talweg und südlich vom Schluchsee öffnen sich von den Hochflächen des Hotzenwalds bei Dachsberg und Ibach unvergessliche Weitblicke bis zum Feldberg im Norden und den Alpengipfeln im Süden. Keine Etappe auf dem Schluchtensteig gleicht der anderen und jeden Tag gibt es eine neue Landschaftsform zu entdecken.

Der Schluchtensteig ist gewiss kein einfacher Weg. Wer aber steile Abstiege, rutschige Passagen und die vielen Höhenmeter nicht scheut, wandert durch eine eindrucksvolle, z. T. unberührte Natur und wird von engen Klammen mit steilen Felswänden, rauschenden Wasserfällen, blühenden Bergwiesen und mystischen Wäldern belohnt. Zu guter Letzt ist da ja auch noch die Schwarzwälder Küche und unterwegs gibt es genug Gelegenheiten, ein Stück der legendären Schwarzwälder Kirschtorte oder eine deftige Vesperplatte mit Brot, Wurst und Käse zu probieren. Wanderherz, was willst du mehr?

☺ Eine **Übersichtskarte** des Weges, **Autorenprofil** sowie eine Liste aller verwendeten **Symbole** in diesem Buch finden Sie auf den vorderen und hinteren Umschlagseiten bzw. -klappen.

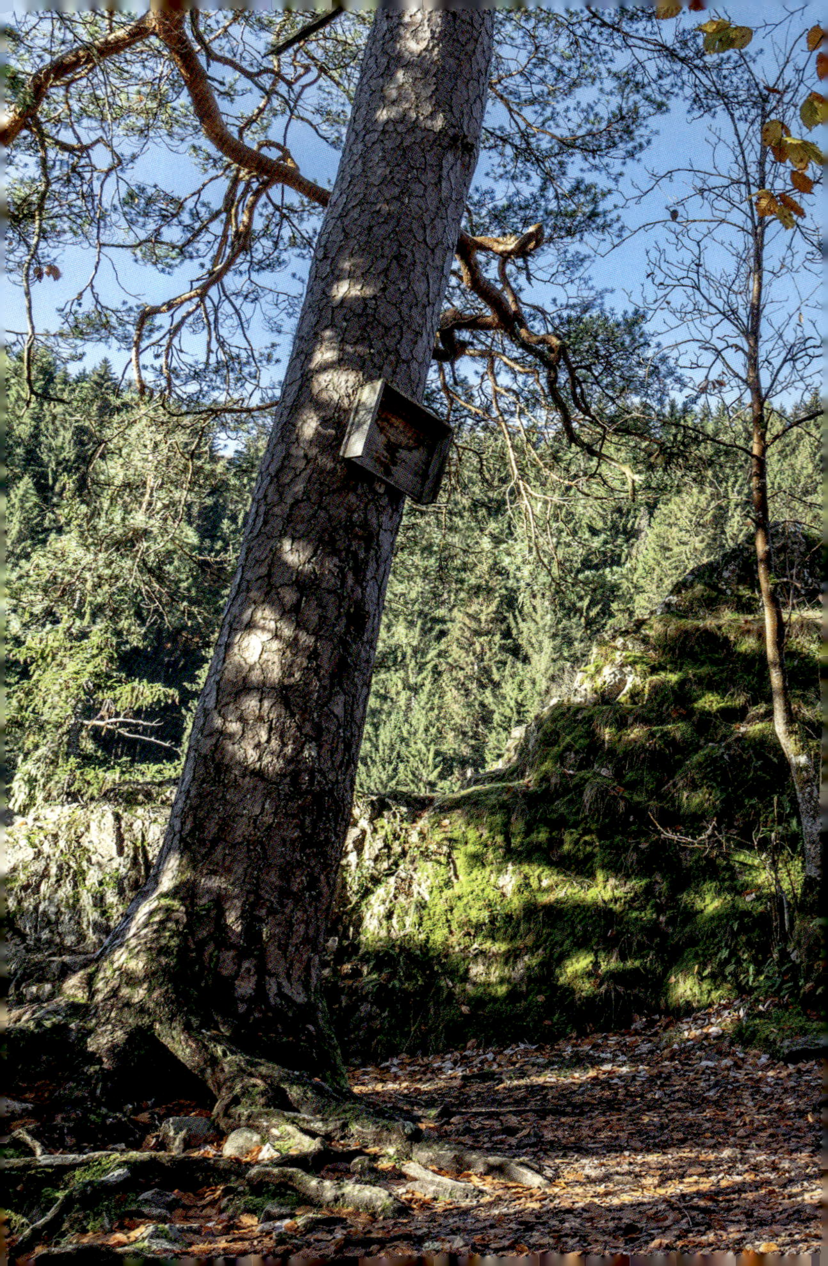

Landschaften des Schluchtensteigs

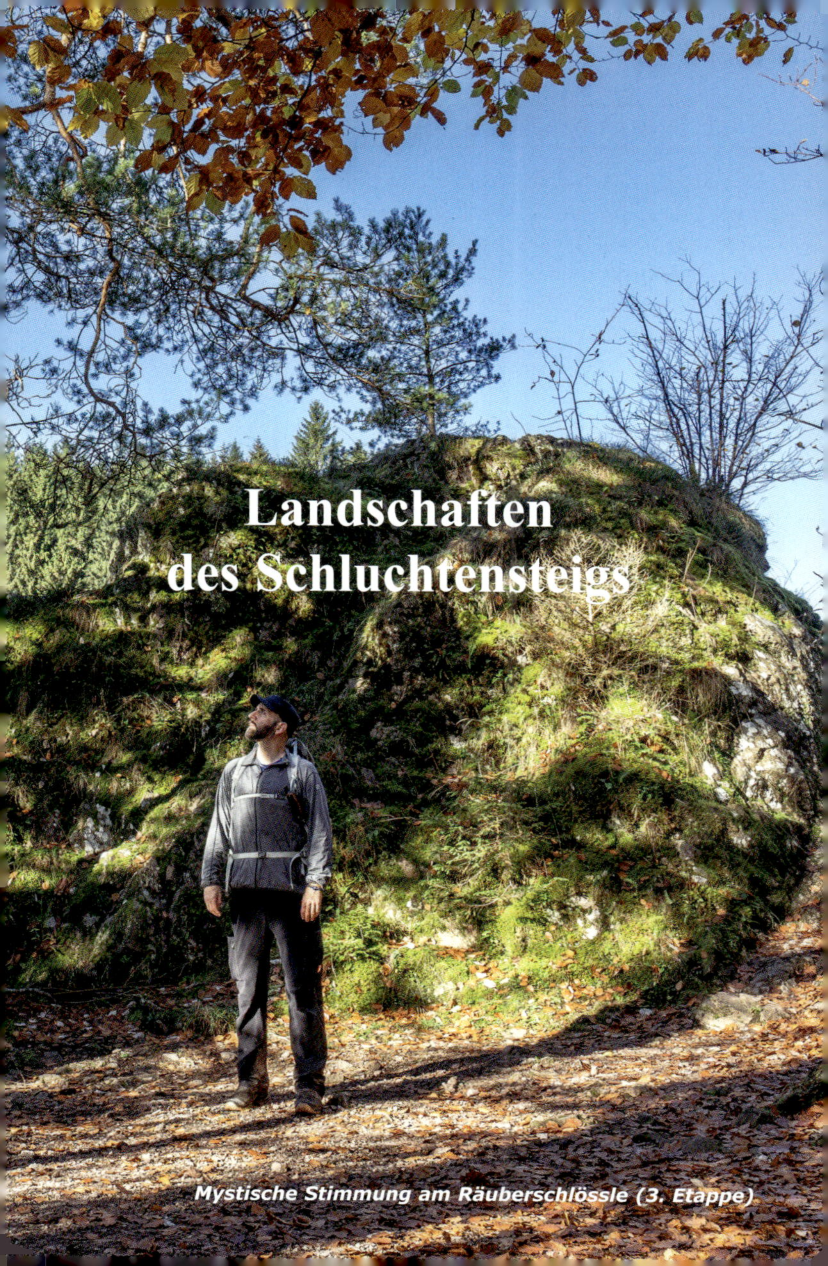

Mystische Stimmung am Räuberschlössle (3. Etappe)

Der Naturpark Südschwarzwald

Der Naturpark Südschwarzwald wurde 1999 gegründet und ist seit der letzten Erweiterung am 12. Oktober 2014 der größte Naturpark in Deutschland. Das Gebiet erstreckt sich von Elzach und Triberg im Norden bis nach Waldshut-Tiengen und Lörrach im Süden. Im Westen schließt der Naturpark die Schwarzwaldvorberge bis Freiburg und Emmendingen mit ein, die östliche Grenze markieren die Städte Donaueschingen und Bad Dürrheim auf der Baar-Hochebene. Anders als bei Nationalparks liegt der Fokus dabei nicht auf dem Schutz der natürlichen Prozesse im Ökosystem, sondern auf dem Erhalt, der Pflege und der Entwicklung einer Erholungslandschaft. Neben der Direktvermarktung lokaler Produkte und der Umweltbildung kümmert sich der Naturpark zusammen mit den Gemeinden um die Wanderwege, Loipen und Mountainbikestrecken, was den Südschwarzwald zu einem wahren Mekka für alle macht, die gerne aktiv sind.

Die Schluchten sind Heimat für seltene Tiere wie Eisvogel oder Wasseramsel, die rasch fließendes, sauberes Wasser bevorzugen, und inzwischen fühlt sich auch der Europäische Biber wieder im Südschwarzwald wohl.

Während in den tief eingeschnittenen Schluchten Relikte aus der Eiszeit überleben konnten, die man in Deutschland ansonsten nur noch in den Alpen finden kann, sind die Hochtäler mit ihrem ausgeglichenen, wärmeren Klima Lebensraum für Pflanzen aus dem Mittelmeerraum. Im Sommer färben weite Teppiche von hell leuchtendem Flügelginster die Magerwiesen gelb und die offenen Wiesen- und Weideflächen, durch die jahrhundertelange landwirtschaftliche Bewirtschaftung entstanden, sind besonders artenreich. Gämsen sind im Schwarzwald seit über 60 Jahren wieder heimisch. Als typische Gebirgsbewohner sind sie hauptsächlich rund um den Feldberg anzutreffen, mit etwas Glück kann man sie aber auch im Wehratal erspähen.

Die Wutachschlucht

Herzstück des Schluchtensteigs ist ohne Zweifel die wildromantische Wutachschlucht, die als eines der wenigen naturbelassenen Wildflusstäler Mitteleuropas nicht nur ein wichtiges Refugium für seltene Tiere und

Pflanzen, sondern auch ein offenes Lehrbuch der Geologie ist und einen tiefen Einblick in die Erdgeschichte ermöglicht.

Dort, wo heute die Wutach bei Achdorf scharf nach Süden in Richtung Wutachflühen schwenkt, floss einst die Feldberg-Donau durch die Blumberger Pforte nach Osten zur Donau. In direkter Nachbarschaft lag das Quellgebiet der Ur-Wutach, deren Erosionskraft durch das kräftige Gefälle so stark war, dass schließlich der schmale Damm zwischen den beiden Flusstälern brach.

Nach erdgeschichtlichen Maßstäben ist die Wutachschlucht eine sehr junge Schlucht und in den vergangenen 20.000 Jahren seit der letzten Eiszeit haben sich die Wassermassen tief in die Keuperschichten eingegraben. Wie es sich für einen wilden Fluss gehört, ist alles beständig im Wandel. Jedes Frühjahrshochwasser verändert das Flussbett und die Talschlucht. Die gen Osten abfallende Schichtung bietet Geologinnen und Geologen einen weiten Blick zurück in der Erdgeschichte und begeistert mit Verkarstungen und Dolinenbildungen. In den Jurakalken lassen sich mit etwas Suchen Versteinerungen wie Amoniten und Belemiten entdecken.

Aber nicht nur Geologieinteressierte kommen auf ihre Kosten, auch Botanikerinnen und Botaniker sind hellauf begeistert. Etwa 1.200 der insgesamt 2.500 in Mitteleuropa vorkommenden Pflanzenarten sind in der Wutachschlucht vertreten, darunter echte Raritäten wie Felsennelken, Türkenbünde und Mondviolen. Auch die Fauna weiß zu beeindrucken: Unter den 500 verschiedenen hier lebenden Schmetterlingsarten ist auch der seltene Apollofalter zu finden und Ornithologinnen und Ornithologen können sich an Vogelarten wie Wespenbussard oder Gänsesäger erfreuen. Kein Wunder also, dass die Wutachschlucht bereits 1939 unter Schutz gestellt wurde und damit zu den ältesten Naturschutzgebieten in Baden-Württemberg zählt.

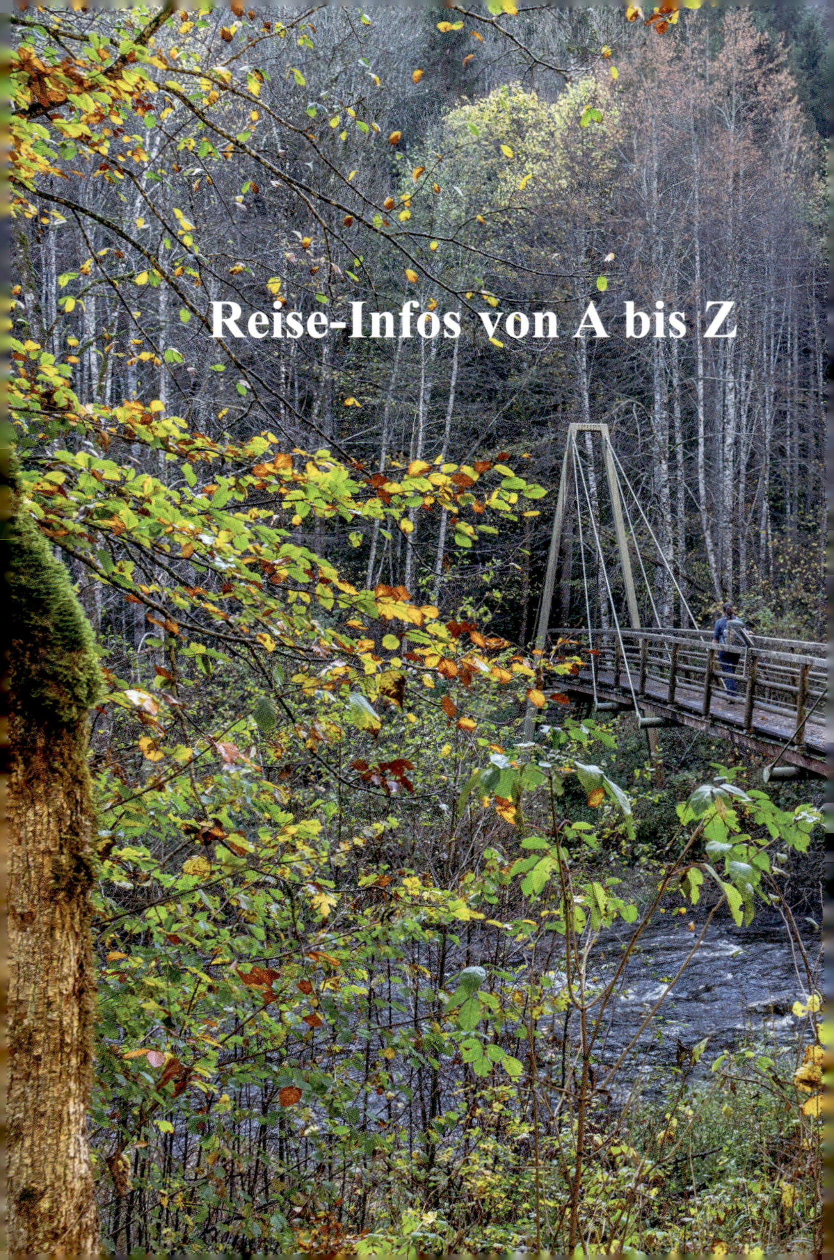

Reise-Infos von A bis Z

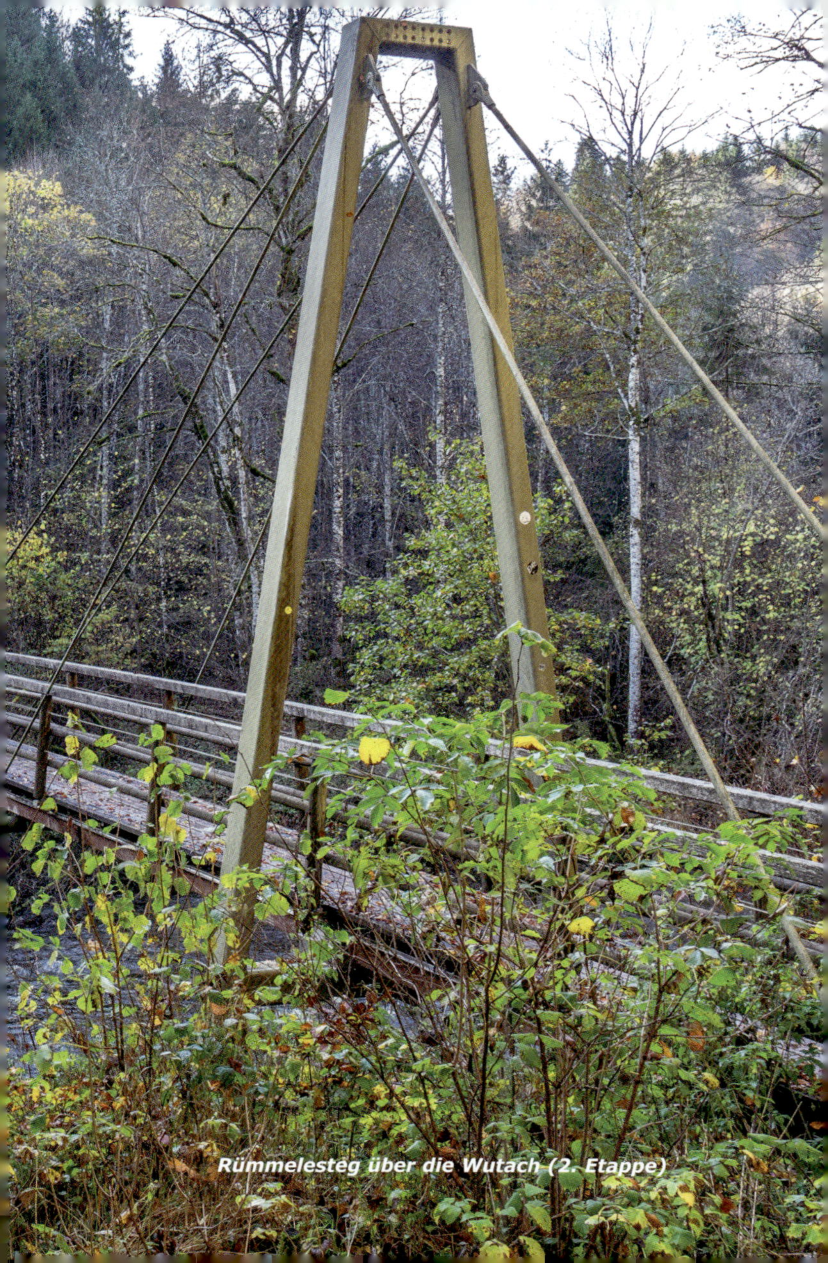

Rümmelesteg über die Wutach (2. Etappe)

An- und Abreise

Mit Bus & Bahn

Der nächstgelegene Bahnhof für die Zuganreise zum Schluchtensteig ist Waldshut-Tiengen. Von hier geht es in ca. 45 Min. mit dem Bus 7338 weiter nach Stühlingen. Der Bahnhof in Waldshut-Tiengen wird etwa stündlich vom Interregio-Express aus Basel/Badischer Bahnhof oder Singen angefahren, wo gute Anschlüsse an IC-/ICE-Züge bestehen.

Vom Zentrum in Wehr, am Ziel des Schluchtensteigs, werden die Bahnhöfe in Bad Säckingen und Schopfheim mit dem Bus 7335 erreicht. Von diesen geht es über Basel/Badischer Bahnhof oder Singen (Hohentwiel) mit den Fernzügen auf den Heimweg.

♦ Informationen zu Verbindungen unter 💻 www.bahn.de

Mit dem Auto

Auf der A81 (Stuttgart – Bodensee) fahren Sie bis zum Autobahnkreuz 37 Dreieck Bad Dürrheim und weiter auf der A864 Richtung Freiburg/Donaueschingen bis zur Ausfahrt B27/B33 Richtung Schaffhausen. In Blumberg geht es dann rechts auf die B314 Richtung Waldshut-Tiengen und nach gut 11 km folgen Sie in Stühlingen der Ausschilderung „Stadtmitte".

Alternativ nehmen Sie die A5 (Karlsruhe – Basel) bis zur Ausfahrt 62 Freiburg-Mitte und fahren weiter auf der B31(a) Richtung Donaueschingen. In Titisee-Neustadt biegen Sie rechts auf die B317/B500 Richtung Feldberg ab und nach 3,5 km links auf die B315 Richtung Schaffhausen.

P Unweit des Schluchtensteig-Startpunkts in Stühlingen stehen ausreichend kostenlose Parkmöglichkeiten für Pkws für die Dauer der Wanderung zur Verfügung (☞ 1. Etappe).

KONUS-Gästekarte

Bei einer Übernachtung auf dem Schluchtensteig ab Blumberg wird automatisch die obligatorische Kurtaxe fällig. Im Gegenzug erhalten Sie bei der Anmeldung die KONUS-Gästekarte, die verbilligten Eintritt in diverse touristische Einrichtungen wie Museen oder Schwimmbäder in über 140 Ferienorten bietet. Außerdem gilt diese als Fahrschein für den Bus und die

2. Klasse der Bahn im Schwarzwald, zwischen Pforzheim und Basel sowie Karlsruhe und Waldshut.

Weitere Informationen und die genauen Bedingungen finden Sie unter 💻 www.konus-schwarzwald.info.

Transfer von Wehr nach Stühlingen

Wenn Sie mit dem eigenen Auto zum Schluchtensteig anreisen, kommen Sie nach der Wanderung sehr komfortabel und mehrmals täglich mit Bus und Bahn von Wehr zurück nach Stühlingen (oder umgekehrt, wenn Sie in die entgegengesetzte Richtung gewandert sind). Von Wehr fahren Sie mit dem Bus 7335 zum Bahnhof in Wehr-Brennet und weiter mit der Regionalbahn RB35 bis Lauchringen. Von hier verkehrt dann der Bus 7338 direkt zum Rathaus in Stühlingen. Die Dauer für den gesamten Transfer beträgt je nach Verbindung etwa 2 Std. und mit der KONUS-Gästekarte ist die Fahrt sogar kostenlos.

Aktuelle Fahrpläne zu den Verbindungen im Detail finden Sie unter 💻 www.dbregiobus-bawue.de.

Bekleidung und Ausrüstung

Die benötigte Ausrüstung fällt je nach gewählter Reiseform naturgemäß sehr unterschiedlich aus: Wer eine Etappe des Schluchtensteigs als Tagestour wandert oder eine Pauschalwanderung mit Gepäcktransport von Hotel zu Hotel gebucht hat, dem reicht unterwegs ein kleiner Rucksack mit Trinkflasche, Regenjacke, Sonnencreme, Erste-Hilfe-Set und etwas Verpflegung. Wer dagegen den kompletten Schluchtensteig von Stühlingen bis Wehr autark wandern, im Zelt übernachten und selbst kochen will, braucht natürlich eine komplette Trekkingausrüstung mit Zelt, Schlafsack, Isomatte und Kochgeschirr.

Eine wichtige Rolle für die problemlose Wanderung spielt das passende **Schuhwerk**. Achten Sie unbedingt auf einen festen Wanderschuh, der gut sitzt, den Knöchel schützt und über eine rutschfeste Sohle mit gutem Profil verfügt. Er sollte zudem im Vorfußbereich vorgebogen sein, damit das natürliche Abrollverhalten unterstützt wird. Ein wasserdichtes, atmungsaktives Futter mit einer Funktionsmembran wie GoreTex hält den

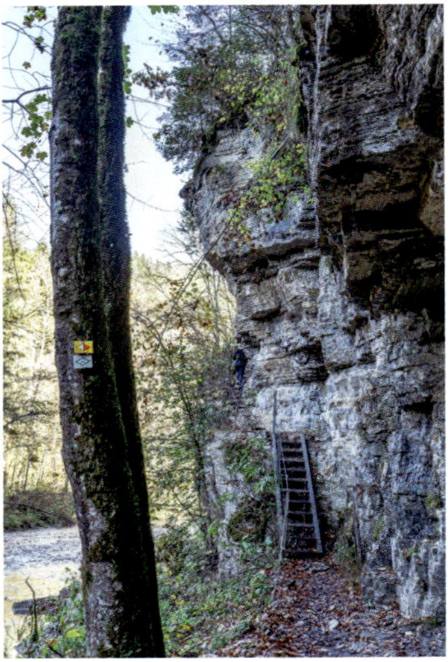

Festes Schuhwerk ist bei den Wegstücken in der steilen Felswand unerlässlich

Fuß auch unter widrigen Wetterbedingungen trocken.

Ein gutes Paar **Wandersocken** stellt eine sinnvolle Ergänzung zum richtigen Schuh dar. Es sollte den Fuß gut polstern und schnell trocknen. Infrage kommen daher nur Funktionsmaterialien, Wollsocken sind dagegen tabu. Achten Sie beim Kauf auf den absolut perfekten Sitz. Die Socke darf keine Falten werfen!

Für die Bekleidung hat sich das sogenannte Zwiebelprinzip bewährt, d. h., mehrere dünnere übereinander getragene Bekleidungsschichten sind besser als eine dicke. So bleiben Sie flexibel und können die Kleidung optimal auf das aktuelle Wetter abstimmen:

1. Schicht: Funktionsunterwäsche und Funktionsshirt aus Polyester- oder Polyamidmaterial, um den Schweiß von der Hautoberfläche abzutransportieren, ohne dass sich die Feuchtigkeit in der Kleidung staut

2. Schicht: Trekking-/Wanderhose mit ausreichend Taschen und Fleece-Shirt zur Isolation, um den Körper warm zu halten

3. Schicht: Regenjacke und -hose aus wasserdichten, aber atmungsaktiven Funktionsmaterialien zum Wetterschutz

☺ Die Angebotspalette an Outdoor-Funktionsbekleidung ist unüberschaubar groß. Die beste Orientierung bietet eine kompetente Beratung in einem guten Fachgeschäft, das Sie mittlerweile in jeder größeren Stadt finden.

Beste Wanderzeit

Der Schluchtensteig ist von etwa Anfang Mai bis in den November hinein begehbar. Mit der herbstlichen Feuchtigkeit im Oktober und November erhöht sich die Schwierigkeit. Gute Ausrüstung und absolute Trittsicherheit sind dann unerlässlich. Mit dem ersten Schnee und Frost werden die schmalen Steige in den steileren Schluchtenabschnitten allerdings (lebens-)gefährlich und sind unpassierbar.

Umgekehrt bleibt es im Hochsommer in den tiefen Schluchten selbst bei strahlendem Sonnenschein und brütender Hitze angenehm kühl und schattig.

Einkaufen

Der Schluchtensteig führt über weite Strecken durch sehr abgelegene Landstriche und Einkaufsmöglichkeiten gibt es nur in den größeren Orten (Stühlingen, Blumberg, Lenzkirch, St. Blasien, Todtmoos und Wehr).

Bei der Proviantplanung sollten Sie bedenken, dass am Ende der 2. Etappe direkt an der Schattenmühle keine Einkaufsmöglichkeit vorhanden ist (die nächsten Supermärkte sind in Löffingen bzw. Bonndorf zu finden).

Das Gleiche gilt für den Endpunkt der 3. Etappe in Fischbach, hier sollte man bei Bedarf den Proviant bereits in Lenzkirch aufstocken. Die meisten der angegebenen Übernachtungsbetriebe bieten gegen einen Kostenbeitrag in Höhe von etwa € 7 auch ein Lunchpaket an.

Etappen

Der gesamte Schluchtensteig ist knapp 120 km lang. Die Strecke von Stühlingen nach Wehr lässt sich gut in sechs Tagesetappen von etwa 20 km Länge unterteilen (wie in diesem Buch beschrieben):

1. Tag: Stühlingen – Blumberg (18,7 km)
2. Tag: Blumberg – Schattenmühle (20,3 km)
3. Tag: Schattenmühle – Fischbach (18,4 km)
4. Tag: Fischbach – St. Blasien (19,6 km)
5. Tag: St. Blasien – Todtmoos (19 km)
6. Tag: Todtmoos – Wehr (23,3 km)

Sportliche Wanderinnen und Wanderer können die gesamte Strecke auch in fünf Tagen in Angriff nehmen:
1. Tag: Stühlingen – Wutachmühle (26,2 km)
2. Tag: Wutachmühle – Lenzkirch (25,6 km)
3. Tag: Lenzkirch – St. Blasien (25,2 km)
4. Tag: St. Blasien – Todtmoos (19 km)
5. Tag: Todtmoos – Wehr (23,3 km)

GPS

Die GPS-Tracks zu den beschriebenen Wegen können Sie auf der Internetseite des Verlags (💻 www.conrad-stein-verlag.de) herunterladen.

📖 **GPS** Grundlagen · Tourenplanung · Navigation von Michael Hennemann, Conrad Stein Verlag, Basiswissen für draußen, ISBN 978-3-86686-769-7

Informationsadressen

- ▷ offizielle Schluchtensteig-Website: 💻 www.schluchtensteig.de
- ▷ Schwarzwald Tourismus GmbH: 💻 www.schwarzwald-tourismus.info
- ▷ Naturpark Südschwarzwald e. V.: 💻 www.naturpark-suedschwarzwald.de
- ▷ Schwarzwaldverein e. V.: 💻 www.schwarzwaldverein.de

Landkarten

- ▷ Wanderkarte Schluchtensteig Schwarzwald im Maßstab 1:25.000, Leporello Wanderkarte für die komplette Strecke von Stühlingen nach Wehr, Publicpress
- ▷ Vom Landesvermessungsamt Baden-Württemberg (LGL) werden in Zusammenarbeit mit dem Schwäbischen Albverein, dem Schwarzwaldverein und dem Odenwaldklub Papierkarten im Maßstab 1:25.000 herausgegeben.

Für die verschiedenen Etappen des Schluchtensteigs sind das:

- W 267, Stühlingen
- W 259, Blumberg
- W 258, Titisee-Neustadt
- W 257, Schönau i. Schw. (deckt nur einen kleinen Bereich des Weges ab)
- W 265, Lörrach

▷ Kompass Wanderkarten 887, Schwarzwald Süd, im Maßstab 1:50.000, Kartenset (2 Karten) für das gesamte Gebiet, Kompass

☺ Die Kartenempfehlungen wurden von der Geobuchhandlung Kiel überprüft. ☎ 04 31/942 49

Markierung

Der Schluchtensteig ist vollständig in die Systematik der Wegekennzeichnung des Schwarzwaldvereins integriert und die Strecke ist auf der gesamten Länge und in beide Richtungen durchgängig markiert. Kennzeichen ist die grüne Raute mit dem Schluchtensteiglogo (s-förmiger Flussverlauf in Blau, grüne Schlucht und roter Berg). An allen größeren Wegkreuzungen und Abzweigungen sind Richtungswegweiser aufgestellt,

Markierung am Schluchtensteig

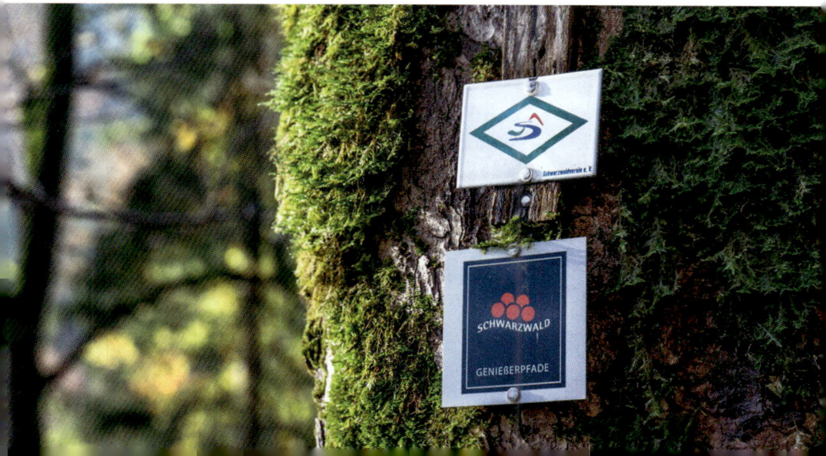

die auch Entfernungsangaben zu den nächsten Zwischenzielen beinhalten. Auf den Abschnitten dazwischen sind zusätzlich Markierungen mit der Schluchtensteigraute angebracht.

Pauschalangebote und geführte Wanderungen

Die sehr komfortable Pauschale „Wandern ohne Gepäck auf dem Schluchtensteig" mit 6 (ab € 629) bzw. 7 Übernachtungen (ab € 759) erlaubt unbeschwertes Wandervergnügen, ohne dass Sie sich um den Gepäcktransport oder die Organisation der einzelnen Übernachtungsmöglichkeiten zu kümmern brauchen. Die Pauschale ist bei folgenden Anbietern buchbar:

- 💻 www.schwarzwald-tourismus.info
- ♦ www.original-landreisen.de

Wer sich eine Wanderung auf eigene Faust nicht zutraut oder lieber in der Gruppe wandern möchte, findet auch eine Reihe von Anbietern, die geführte Wanderungen auf dem Schluchtensteig anbieten, z. B.:

- ♦ Wikinger Reisen, ☎ 023 31/90 46, 💻 www.wikinger-reisen.de
- ♦ Via Soluna, ☎ 029 61/96 61 33, 💻 www.erlebniswelt-wandern.de
- ♦ Eurohike, ☎ +43/(0)62 19/608 77 oder 08 00/070 63 33 (kostenlose Hotline aus Deutschland), 💻 www.eurohike.at

Rastmöglichkeiten und Einkehr

Einzelne Sitzbänke finden Sie (mit Ausnahme der Schluchtenabschnitte) im gesamten Tourenverlauf. Zusätzlich gibt es, oft an besonders idyllischen oder aussichtsreichen Punkten, ausreichend Rastplätze und Schutzhütten, deren Abstände allerdings von Etappe zu Etappe unterschiedlich ausfallen.

Die Einkehrmöglichkeiten beschränken sich oft auf die größeren Ortschaften. Hinweise zu Restaurants am Wegesrand und deren Öffnungszeiten können Sie den einzelnen Etappenbeschreibungen im Tourenteil entnehmen. Es empfiehlt sich aber in jedem Fall, stets ausreichend Proviant und Wasser im Rucksack mitzuführen.

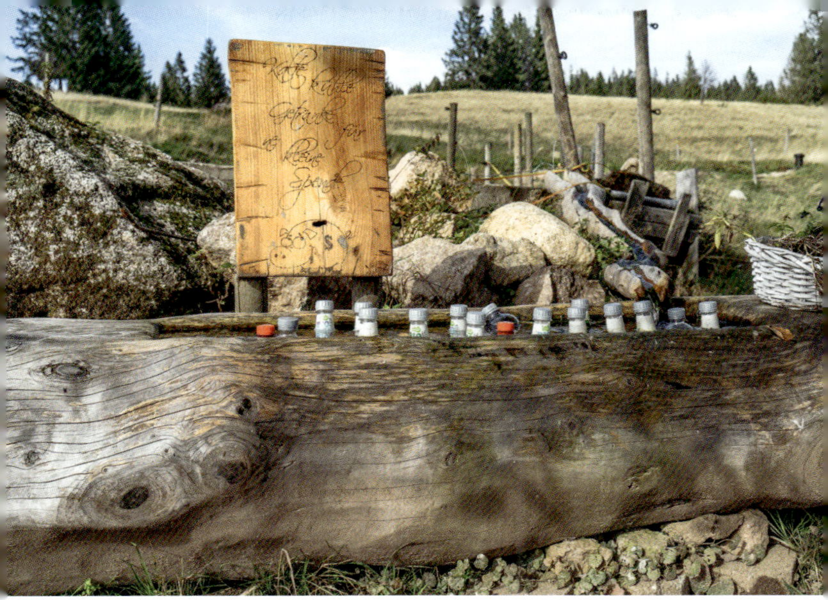

Getränkebrunnen in Blasiwald-Althütte

Schwierigkeiten und Sicherheit unterwegs

Knapp 120 Wanderkilometer und über 3.400 Höhenmeter im Auf- bzw. über 3.500 Höhenmeter im Abstieg. Schon diese drei Zahlen machen deutlich, dass der Schluchtensteig durchaus eine Herausforderung darstellt. Zwar gibt es unterwegs auch den ein oder anderen einfachen Spazier- oder Forstweg, aber es erwarten Sie unzählige schmale Pfade und wilde Steige. Ein Mindestmaß an Kondition, Trittsicherheit und Schwindelfreiheit ist daher erforderlich.

Gerade in den Schluchtenabschnitten ist der Weg durch die allgegenwärtige Feuchtigkeit stellenweise sehr rutschig, das gilt insbesondere für die Steilhänge und nach starken Niederschlägen. Feste, knöchelhohe Wanderschuhe mit rutschfester Profilsohle, eventuell ergänzt um Trekkingstöcke, sind in jedem Fall sehr zu empfehlen. Gerade in der Wutachschlucht ereignen sich immer wieder schwere Unfälle, denen meist Leichtsinn, Unachtsamkeit oder eine falsche Ausrüstung vorausgeht. Sie sollten den Schluchtensteig auf keinen Fall unterschätzen.

Die Wege des Schluchtensteigs werden durchgehend gepflegt, aber gerade in der Wutachschlucht und in den anderen Schluchten kann es durch Erdrutsch, Steinschlag oder Hochwasser zu Wegabbrüchen kommen und Sie sollten vor dem Start immer aktuelle Informationen zum Wegzustand einholen, z. B. unter 💻 www.wutachschlucht.de und 💻 www.schluchtensteig.de. Brandaktuelle Hinweise für die Wutachschlucht finden Sie in der Twitter-Timeline des Wutach-Rangers Martin Schwenninger (@Wutachranger).

Die Wutachflühen sowie die Wutach- und Haslachschlucht sind in verschiedene Rettungssektoren eingeteilt, damit die Bergwacht den Unfallort ggf. schneller ausfindig machen kann. Die Bezeichnung des aktuellen Rettungssektors finden Sie auf Schildern an Bäumen am Wegesrand. Bei einem Unfall sollten Sie unbedingt darauf achten, in welchem Sektor Sie sich gerade befinden. Erschwert wird der Notruf allerdings dadurch, dass Sie in der Wutachschlucht nicht immer Handyempfang haben, sodass Sie eventuell ein Stück weitergehen oder im schlimmsten Fall zuerst die Schlucht verlassen müssen, um die Bergwacht verständigen zu können.

☏ Im Notfall erreicht man die Bergwacht im Schwarzwald über den üblichen Notruf 112.

✋ Die Wutachschlucht und andere entlegene Abschnitte des Schluchtensteigs sind weiße Flecken auf den Netzabdeckungskarten der Mobilfunkanbieter. Die Handyabstinenz mag eine Wohltat sein und das Naturerlebnis noch verstärken, ganz unproblematisch ist sie aber nicht. Sie sollten daher darauf vorbereitet sein, das Handy nicht uneingeschränkt nutzen zu können. Das gilt, wenn im Notfall Hilfe benötigt wird, aber auch, wenn Sie z. B. vorhaben, sich am Ende der 2. Etappe von Ihrer Gastgeberin oder Ihrem Gastgeber aus Bonndorf oder Löffingen an der Schattenmühle abholen zu lassen.

Tagestouren auf dem Schluchtensteig

Dank dem Wanderbus Schluchtensteig und einem gut ausgebauten öffentlichen Personennahverkehr, lässt sich der Schluchtensteig auch gut in Form von Tageswanderungen erkunden oder Sie können kürzere Abschnitte wandern, z. B. wenn nur das Wochenende zur Verfügung steht.

Dabei taucht unweigerlich die Frage auf, wie Sie mit Bus und Bahn zu den einzelnen Etappen an- und abreisen können, bzw. wie Sie nach der Wanderung zurück zum Auto kommen. In letzterem Fall ist es meist sinnvoll, zunächst den Etappenendpunkt anzusteuern und das Auto dort abzustellen. Anschließend fahren Sie per Bus zum Startpunkt und können dann ganz unbekümmert wandern gehen, ohne den Fahrplan im Hinterkopf behalten und ständig die Uhr kontrollieren zu müssen.

Vorschläge für Tageswanderungen entlang des Schluchtensteigs

In einigen Fällen ist aufgrund der Busanbindung eine von einer durchgängigen Fernwanderung auf dem Schluchtensteig etwas abweichende Etappeneinteilung sinnvoll und mitunter ist es aufgrund der Abfahrtszeiten der Busse praktischer, die Strecke in umgekehrter Richtung zu gehen. Nachfolgend finden Sie Vorschläge für Tagesetappen, deren Start- und Zielpunkte gut mit öffentlichen Verkehrsmitteln zu erreichen sind.

Nähere Informationen zu Haltestellen und detaillierte Fahrplaninformationen finden Sie unter den folgenden Internetadressen:

- Wanderbus Schluchtensteig: 💻 www.dbregiobus-bawue.de
- öffentlicher Personennahverkehr in Baden-Württemberg: 💻 www.bwegt.de

1. Etappe: Stühlingen – Blumberg

▷ Linie 7338 Stühlingen Bahnhof – Fützen Ort (Blumberg), weiter mit Linie 913 bis Blumberg (Am Stadtbrunnen), verkehrt Mo-Fr mehrmals täglich, am Wochenende sehr umständliche und zeitaufwendige Verbindungen

▷ im Sommer am Wochenende und an ausgewählten Fahrtagen zusätzlich die Sauschwänzlebahn von Stühlingen-Weizen nach Blumberg

2. Etappe: Wutachmühle – Schattenmühle

Aufgrund einer fehlenden Direktverbindung von Blumberg zur Schattenmühle empfiehlt es sich, die 2. Etappe auf den Abschnitt durch die Wutachschlucht zu verkürzen:

▷ Linie 7344 „Wanderbus Wutachschlucht“ Wutachmühle – Schattenmühle, verkehrt nur an Wochenenden und Feiertagen im Sommer, Wutachmühle – Schattenmühle 9:00-12:00 und 15:00-18:00 stündlich, in die Gegenrichtung 9:30-12:30 und 15:30-18:30, ebenfalls stündlich

3. Etappe: Lotenbachklamm – Lenzkirch

Für eine Tagestour auf der 3. Etappe startet man am besten am Wanderparkplatz Lotenbachklamm, steigt durch die Lotenbachklamm hinab zur Schattenmühle und wandert weiter nach Lenzkirch.

▷ Linie 7258 Bonndorf – Lotenbachklamm – Lenzkirch – Neustadt, Mo-Fr tagsüber jede Stunde, am Wochenende mehrmals täglich

4. Etappe: Lenzkirch oder Schluchsee-Aha – St. Blasien

▷ Buslinie 7319 St. Blasien Busbahnhof – Seebrugg Straßenkreuzung, Schluchsee, weiter mit Buslinie 7257 Seebrugg Straßenkreuzung, Schluchsee – Lenzkirch Kurpark, mehrmals täglich, auch am Wochenende

oder:

▷ Buslinie 7319 St. Blasien Busbahnhof – Seebrugg Bahnhof und weiter mit der Bahn von Seebrugg nach Schluchsee-Aha, mehrmals täglich, auch am Wochenende

5. Etappe: St. Blasien – Todtmoos

▷ Buslinie 7321 Todtmoos – St. Blasien, mehrmals täglich, auch am Wochenende

6. Etappe: Todtmoos – Wehr

▷ Buslinie 7320 Wehr – Todtmoos, mehrmals täglich, auch am Wochenende

Unterkünfte

Die Unterkünfte entlang des Schluchtensteigs sind auf Wandernde eingestellt und es steht Ihnen die gesamte Palette von Campingplätzen über Pensionen bis hin zu Hotels zur Auswahl. Die Etappen sind so gewählt, dass am Ziel immer mindestens eine Übernachtungsmöglichkeit zur Verfügung steht, und Quartiere, die nicht direkt am Weg liegen, bieten oft einen Abholservice an. Nähere Informationen dazu finden Sie in den Etappenbeschreibungen. In der Hochsaison sollten Sie die Übernachtungsmöglichkeit aber unbedingt vorab reservieren, um am Ende eines anstrengenden Wandertages keine böse Überraschung zu erleben.

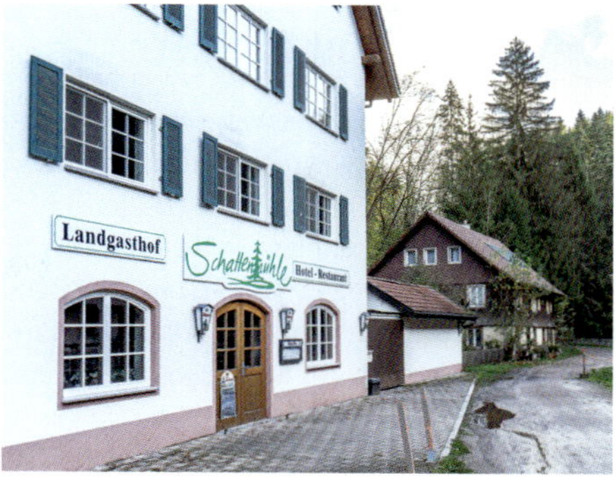

Ziel der 2. Etappe: die Schattenmühle

Viele Hotels bieten auf Anfrage auch einen Gepäcktransport an, sodass man die Wanderung mit leichtem Tagesrucksack genießen kann. Besonders komfortabel ist die über Schwarzwald Tourismus buchbare Pauschale „Wandern ohne Gepäck auf dem Schluchtensteig“ (☞ Pauschalangebote).

Schluchtensteigtour mit Zelt

Natürlich lässt sich der Schluchtensteig auch unabhängig mit dem Zelt erwandern, allerdings verläuft die Strecke über weite Strecken durch Naturschutzgebiete, in denen das Wildzelten streng verboten ist (und auch geahndet wird). Es gibt aber ausreichend Campingplätze oder Zeltmöglichkeiten, die in der Etappenbeschreibung aufgeführt sind. Problematisch ist dabei lediglich der Abschnitt zwischen Schluchsee und Todtmoos, wo es auf einer Länge von 38 km keine offizielle Zeltmöglichkeit gibt.

⛺ An den sogenannten Trekkingstützpunkten finden Rucksackwanderinnen und -wanderer eine Möglichkeit, das Zelt außerhalb der Naturschutzgebiete aufzuschlagen. Dabei handelt es sich um gebührenpflichtige Zeltmöglichkeiten mit einfacher Ausstattung. In der Regel gibt es Waschbecken, Dusche und WC.

Unterwegs mit Kindern

Die abwechslungsreiche Wegführung des Schluchtensteigs ist ideal für Wanderungen mit größeren Kindern. Ständig gibt es etwas Spannendes zu entdecken und zu erleben. Wasserfälle, Drahtseile und Kletterfelsen lassen unterwegs keine Langeweile aufkommen und hinter jeder Wegbiegung wartet ein neues Abenteuer. Besondere Vorsicht ist natürlich auf den Strecken durch die Schluchten geboten: Hier müssen kleinere Kinder an die Hand oder sogar an ein Seil genommen werden.

Updates

Der Conrad Stein Verlag veröffentlicht Updates zu diesem Buch, die direkt vom Autor oder von Leserinnen und Lesern dieses Buches stammen.

Bitte suchen Sie vor Ihrer Abreise auf der Verlagshomepage www.conrad-stein-verlag.de diesen Titel. Unter dem Punkt „Updates" finden Sie alle wichtigen Informationen. Der links abgebildete QR-Code führt Sie direkt zu der richtigen Seite.

Verkehrsmittel am Weg

Die meisten Orte entlang des Schluchtensteigs können gut mit öffentlichen Verkehrsmitteln erreicht bzw. verlassen werden. Genauere Informationen zur Erreichbarkeit der einzelnen Zwischen- und Etappenziele folgen an entsprechender Stelle in der Streckenbeschreibung.
Nähere Informationen zu Haltestellen und detaillierte Fahrplaninformationen finden Sie unter den folgenden Internetadressen:

- Wanderbus Schluchtensteig: www.dbregiobus-bawue.de
- öffentlicher Personennahverkehr in Baden-Württemberg: www.bwegt.de

Wandern mit Hund

Der Schluchtensteig kann auch in Begleitung von Hunden ohne große Probleme begangen werden. Viele Übernachtungsbetriebe erlauben das Mitbringen von Hunden, trotzdem sollten Sie das natürlich im Vorfeld bereits bei der Buchung abklären, um unliebsame Überraschungen zu vermeiden. Eine Passage, die unterwegs unter Umständen Schwierigkeiten bereitet (das gilt insbesondere für größere Hunde), ist die steile, 8 m hohe Leiter in der Schleifenbachschlucht hinter Blumberg (2. Etappe). Wer seinen Hund nicht tragen möchte oder kann, nutzt hier am besten die in der Etappenbeschreibung genannte Umgehung.

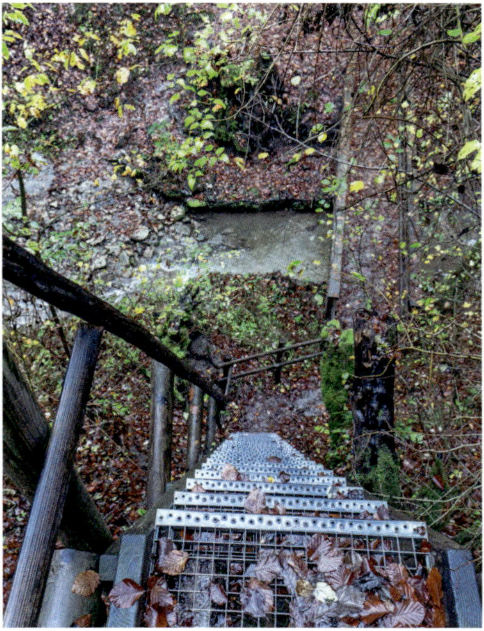

Steile Treppe hinunter zu den Schleifenbachwasserfällen

Besondere Beachtung gilt weiterhin der Wutachschlucht, wo mehrere steile Leiterabstiege und Brücken mit Drahtgitterrost zu begehen sind. In der Wutachschlucht besteht, wie in den übrigen Naturschutzgebieten auch, grundsätzlich Leinenpflicht.

Der Schluchtensteig

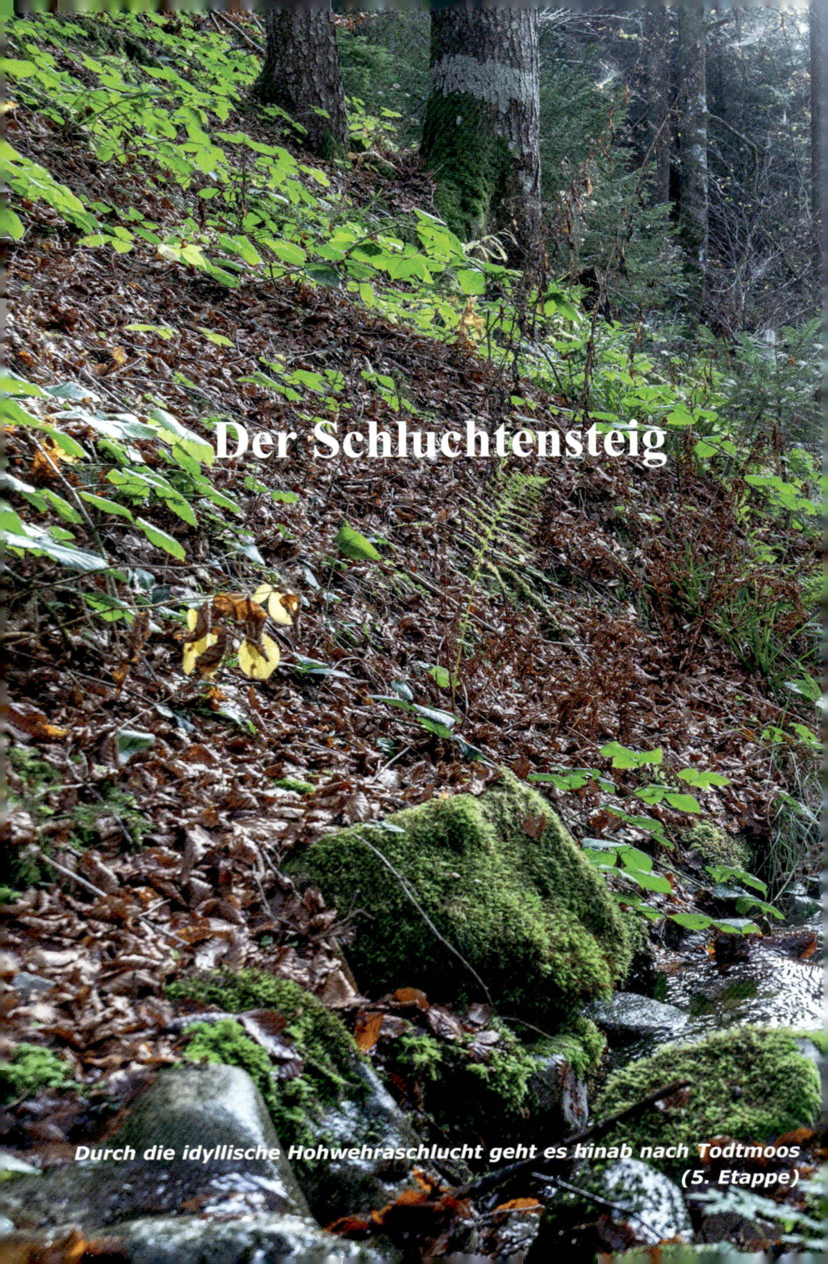

Durch die idyllische Hohwehraschlucht geht es hinab nach Todtmoos (5. Etappe)

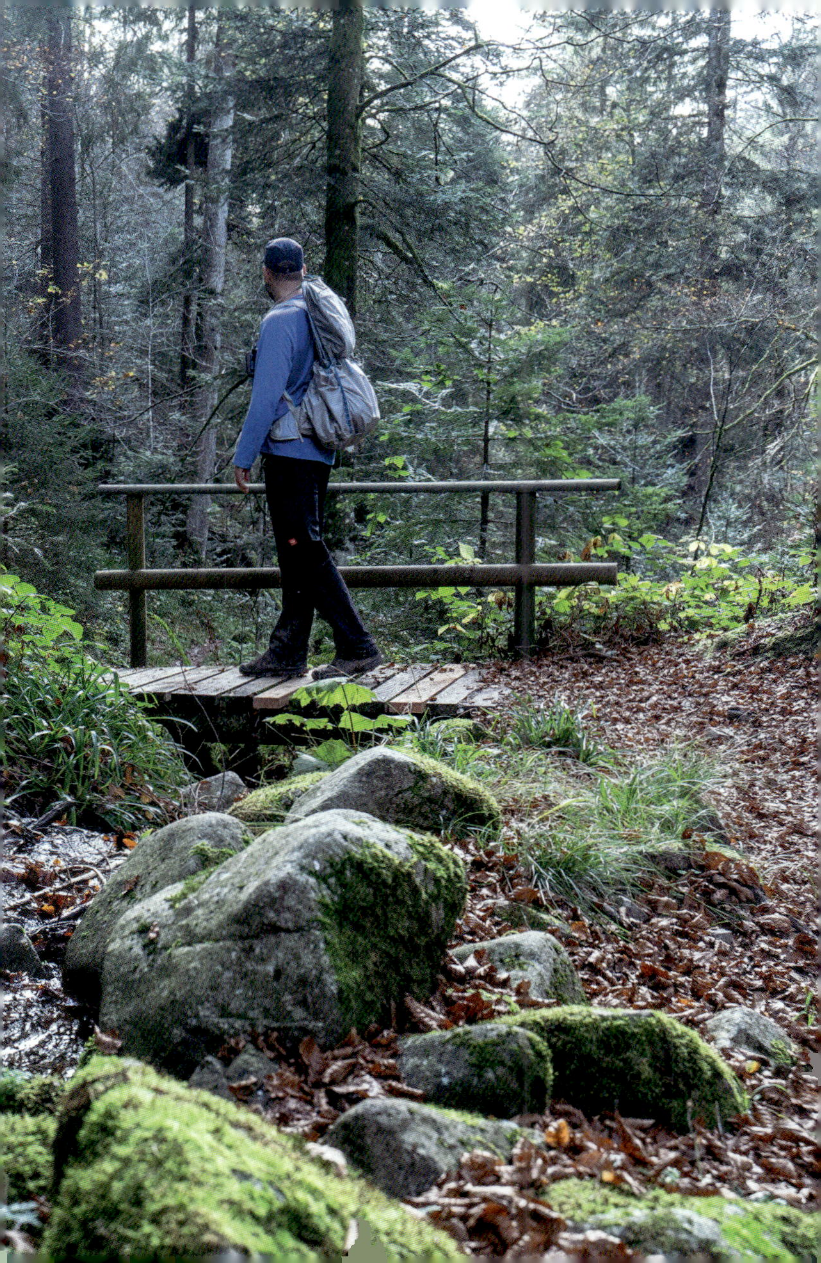

1. Etappe: Stühlingen – Blumberg

➲ 18,7 km, ⌛ 5 Std. 30 Min., ↑ 625 m, ↓ 384 m, ⇧ 437-871 m

0,0 km	⇧ 438 m	Stühlingen
3,7 km	⇧ 452 m	Weizener Steg
8,2 km	⇧ 494 m	Gasthaus Wutachschlucht
10,5 km	⇧ 544 m	Mannheimer Fels
13,2 km	⇧ 677 m	Bielwasenhütte
15,6 km	⇧ 805 m	Ottilienhöhe
16,7 km	⇧ 870 m	Buchberghütte
18,1 km	⇧ 719 m	Friedhof Blumberg
18,7 km	⇧ 678 m	Blumberg

Die Markierungen für den Schluchtensteig beginnen in der Stühlinger Unterstadt zu Füßen von Schloss Hohenlupfen. Auf den ersten Kilometern teilt sich der Schluchtensteig den ebenen Wutachtalgrund noch mit der

Erster Kontakt mit der Wutach nahe Stühlingen

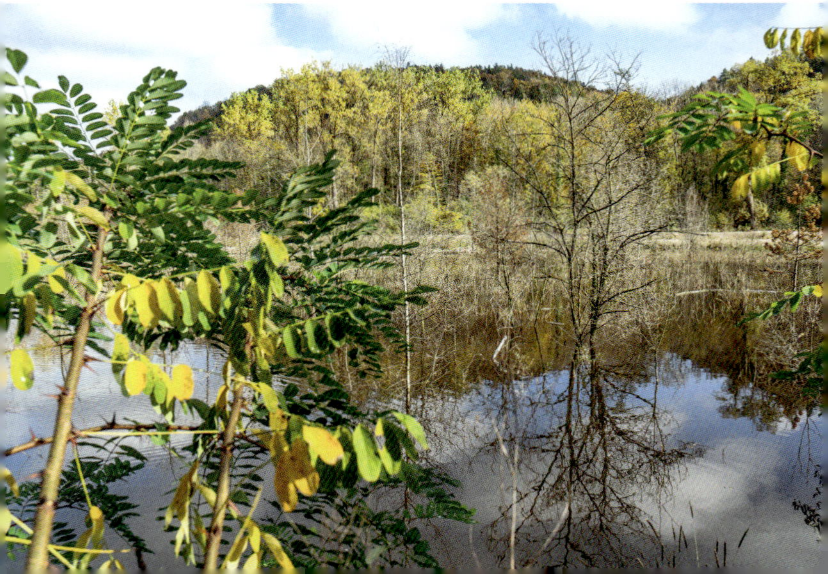

B314. Am Bahnhof der Sauschwänzlebahn in Weizen geht es dann erstmalig den Berg hinauf und hinter dem Gasthaus Wutachschlucht warten die wildromantischen Wutachflühen. Hier schlängelt sich der schmale Pfad im Wald erst direkt am Ufer, später weiter oben an der recht steilen Talflanke entlang. Der abschließende Aufstieg auf den Buchberg wird von einem herrlichen Panoramablick gekrönt, bevor es hinab in den Etappenzielort Blumberg geht.

Stühlingen

Tourist-Information Stühlingen, Schlossstraße 9 (Rathaus), 79780 Stühlingen, ☏ 077 44/532 36, verkehrsamt@stuehlingen.de, www.stuehlingen.de, Mo-Fr 8:00-12:00, Do zusätzlich 14:00-18:00

Landgasthof-Hotel Rebstock, Schlossstraße 10, 79780 Stühlingen, ☏ 077 44/921 20, hotel@rebstock.eu, www.hotel-rebstock.de, ÜF EZ € 72, DZ € 106, Restaurant: Mo-Sa 17:00-22:00, So Ruhetag (Nov-April auch Sa Ruhetag), ➲ ca. 800 m oberhalb des Schluchtensteigstartpunkts

♦ Gasthof Hotel Krone, Stadtweg 2, 79780 Stühlingen, ☏ 077 44/929 29, info@krone-stuehlingen.de, www.krone-stuehlingen.de, ÜF EZ € 78, DZ € 90, Restaurant: Di-Sa warme Küche 17:00-22:00, So 12:00-22:00, Mo Ruhetag, ➲ ca. 200 m vor dem Schluchtensteig Startpunkt

Camping an der Wutach, Außer Ort 6, 79780 Stühlingen, ☏ 077 44/364 99 96, info@camping-wutach.de, www.camping-wutach.de, Ü ab € 15, Mitte April-Mitte Okt

⌘ Bulldog- und Bauernmuseum in einer umgebauten Scheune am Landgasthof Rebstock, Schlossstraße 10, 79780 Stühlingen, ☏ 077 44/921 20, April-Okt Sa 15:00-17:00. Zu sehen sind alte Landmaschinen und Dinge des täglichen Bedarfs aus dem bäuerlichen Leben.

Wahrzeichen des Luftkurorts Stühlingen am Schwarzwaldsüdrand, unmittelbar an der Grenze zur Schweiz, ist das auf einem früheren Römerkastell errichtete Schloss Hohenlupfen hoch oben am Berg. Ganz unten im Tal liegt das ehemalige Dorf mit der Pfarrkirche. Am Talhang dazwischen erstreckt sich die mittelalterliche Altstadt, die nach habsburgischem Vorbild mit ovalem Grundriss angelegt wurde. Erst im 19. Jahrhundert wuchsen beide Teile zum heutigen Stühlingen zusammen.

Vom Wanderparkplatz an der Stadthalle zum Schluchtensteigstart

Da die Parkmöglichkeiten in der Ortsmitte begrenzt sind, nutzt man bei der Anreise mit dem eigenen Pkw am besten den kostenlosen Großparkplatz an der Stadthalle Stühlingen. Folgen Sie von hier (mit der Stadthalle im Rücken) der Straße Am Bahndamm nach rechts und gehen Sie über Eichwiesenweg und Hallauer Straße zum Kronenplatz in der Ortsmitte. Nun sind es nur noch wenige Schritte nach rechts und Sie stehen am Startpunkt mit einer großen Informationstafel.

Der Schluchtensteig beginnt im Ortszentrum von Stühlingen direkt an der katholischen Kirche. Von hier folgen Sie der Hauptstraße an zahlreichen Geschäften, Cafés und Restaurants entlang in nordöstliche Richtung. An der Gabelung hinter der Metzgerei Gut biegen Sie vor den Bahnschienen nach links in die Bahnhofstraße ab.

Diese führt am Ende, nach gut 650 m, in einer Rechtskurve zur Unterführung unter der Bundesstraße und auf der gegenüberliegenden Seite setzen Sie die Wanderung auf einer ruhigen Straße nach links fort.

Auf Höhe der Tankstelle zweigt nach rechts ein schmaler Pfad ab, der Sie zum Sportplatz des SV Stühlingen bringt. Hier folgen Sie dem breiten Schotterweg nach rechts und der ruhige Wanderweg verläuft in der Folge parallel zur Wutach.

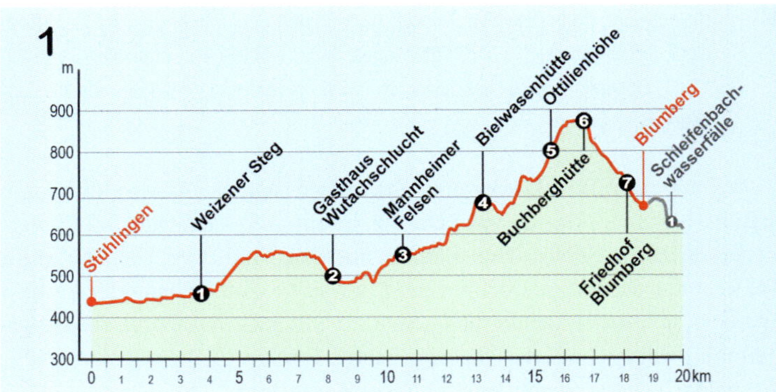

1

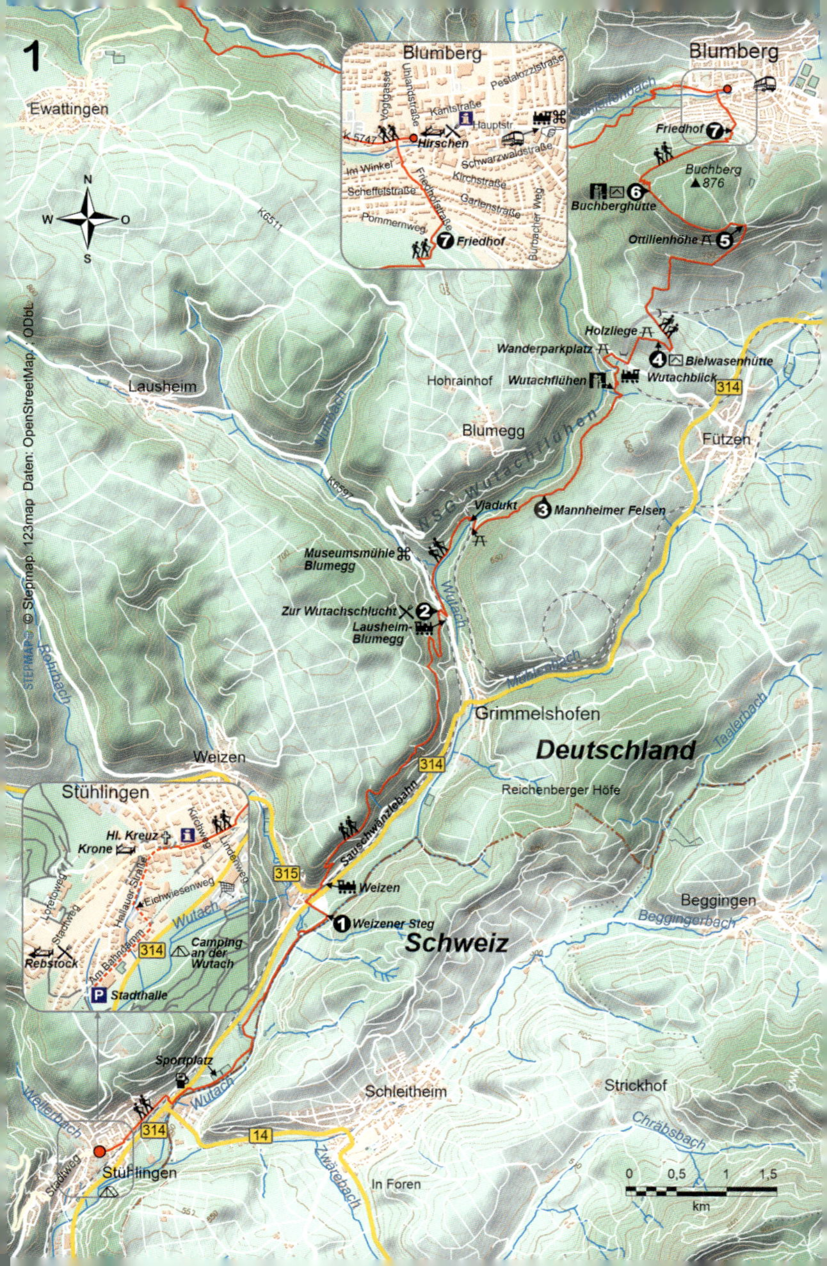

Blumberg
Ewattingen
N
O
S
W
Vogtgasse
Uhlandstraße
Kantstraße
Pestalozzistraße
Hauptstr
K 5747
Hirschen
Schwarzwaldstraße
Im Winkel
Kirchstraße
Scheffelstraße
Friedhofstraße
Gartenstraße
Pommernweg
Burbacher Weg
Friedhof
K6511
Friedhof
Buchberg
876
Buchberghütte
Ottilienhöhe
Holzliege
Wanderparkplatz
Bielwasenhütte
Wutachflühen
Wutachblick
Hohrainhof
Lausheim
Blumegg
Fützen
314
K6597
NSG Wutachflühen
Viadukt
Mannheimer Felsen
Museumsmühle Blumegg
Zur Wutachschlucht
Lausheim-Blumegg
Wutach
Mühlebach
Grimmelshofen
Deutschland
Taalerbach
Reichenberger Höfe
Weizen
Sauschwänzlebahn
Stühlingen
Hl. Kreuz
Krone
Kirchweg
Lindenweg
Eichwiesenweg
Hallauer Straße
Loretoweg
Stadtweg
Am Bahndamm
Wutach
Camping an der Wutach
Rebstock
Stadthalle
315
Weizen
Weizener Steg
Schweiz
Beggingen
Beggingerbach
Sportplatz
Wutach
Schleitheim
Strickhof
Chräbsbach
Wellerbach
Stadtweg
Stühlingen
14
Zwärebach
In Foren
0
0,5
1
1,5
km
Rohrbach
STEPMAP © Stepmap. 123map Daten: OpenStreetMap, ODbL

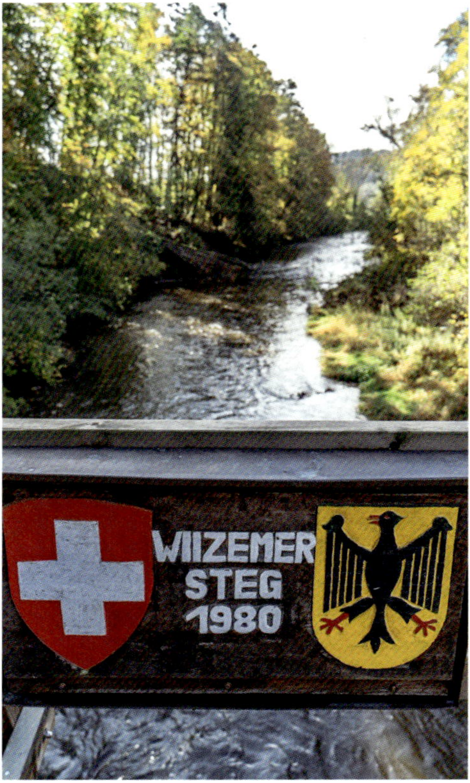

Landesgrenze auf dem Weizener Steg

Am Weizener Steg ❶ könnten Sie nach rechts einen Abstecher in die Schweiz machen, denn die Wutach stellt gleichzeitig auch die Landesgrenze dar.

Der Schluchtensteig aber wendet sich hier nach links und vorbei an dem großen Firmenparkplatz bringt Sie eine Brücke über die Bundesstraße direkt vor das wie ein Raumschiff anmutende Bürogebäude des Baustoffherstellers STO.

Direkt vor dem Firmengelände gehen Sie nach rechts an der Straße entlang und erreichen hinter der nächsten Brücke den Bahnhof der Sauschwänzlebahn.

Sauschwänzlebahn

Die Sauschwänzlebahn heißt eigentlich Wutachtalbahn, der Spitzname drängt sich aber geradezu auf, schaut man sich die verschlungene Streckenführung aus der Luft oder auf einer Landkarte an. Namensgebend ist der an einen Ringelschwanz erinnernde Kreiskehrtunnel, in dem die Gleise eine einmalige 180°-Kehre machen. Die Strecke wurde 1887 erbaut, als das Deutsche Reich für den Transport von Kriegsmaterial ins annektierte Elsass die Oberrheinbahnstrecke umgehen musste, da diese über das Terri-

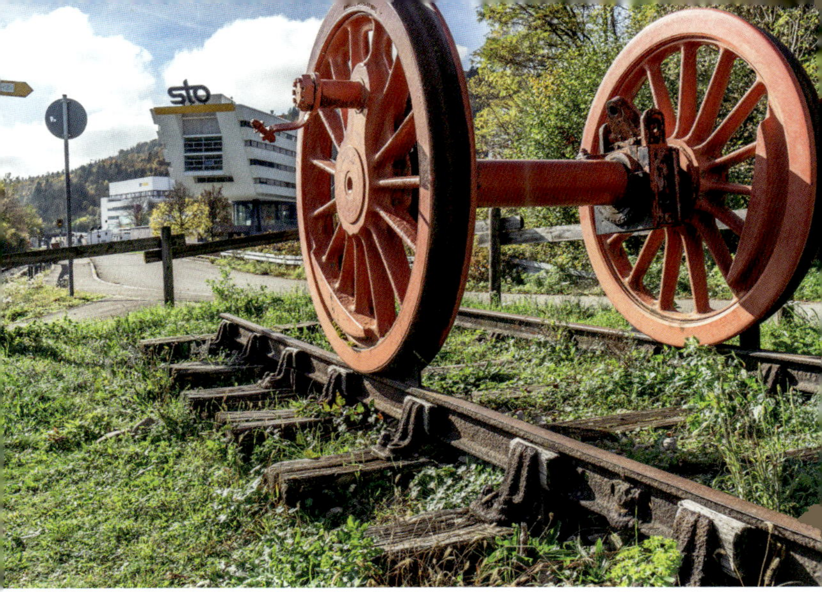

Bahnhof Weizen der Sauschwänzlebahn

torium der neutralen Schweiz verlief. Die Streckenführung auf deutschem Gebiet stellte die Ingenieure allerdings vor einige Herausforderungen: Ein Höhenunterschied von 231 m machte die vielen engen Kehren, die sechs Tunnel und die vier eindrucksvollen Viadukte notwendig, um die Anstiege für die schwer beladenen Züge nicht zu stark werden zu lassen. Bis Blumberg-Zollhaus, Luftlinie nicht einmal 10 km entfernt, entstand so eine über 25 km lange Eisenbahnstrecke, die heute als Museumsbahn viele Touristinnen und Touristen anlockt. Sie verkehrt von Mai bis Oktober jedes Wochenende und an ausgewählten Fahrtagen.

www.sauschwaenzlebahn.de

Gleich zu Beginn des Bahnhofsgeländes führt Sie ein Wegweiser nach links auf einen schmalen Pfad, der im Wald zu einem breiteren Forstweg klettert und in zwei Kehren weiter hinaufführt. Der Weg führt nun fast eben durch den Bergwald, wobei längere Zeit keine Markierungen zu finden sind, und der Lärm der Bundesstraße entfernt sich Schritt für Schritt ein wenig mehr.

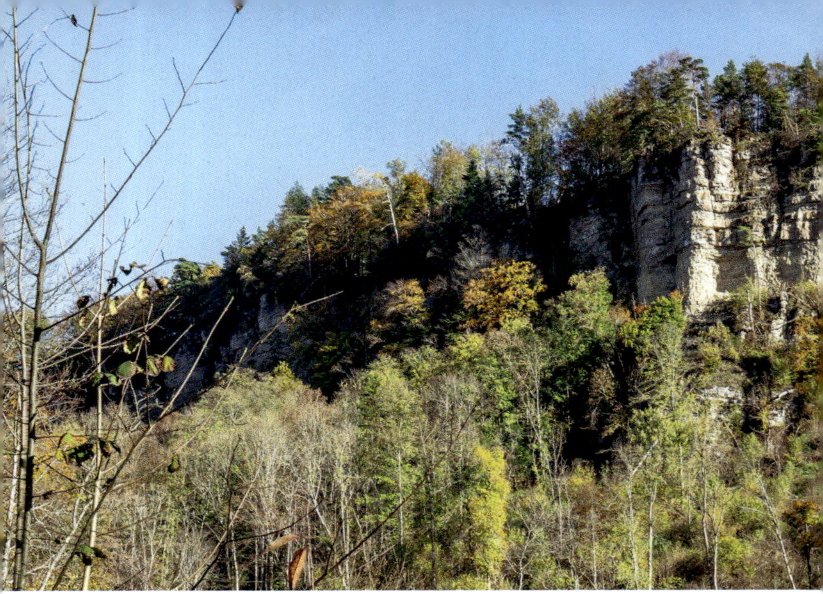

Steile Felswand am Beginn der Wutachflühen

Unter der knisternden Hochspannungsleitung folgen Sie dem schmalen Pfad nach links bis zu einem weißen Gebäude der Wasserversorgung und überqueren die Teerstraße dahinter. Sie wandern weiter auf einem schmalen Pfad, der Sie nach knapp 700 m in einer Rechtskurve auf eine breite Forstpiste bringt, auf der Sie gemütlich bis zur Kreisstraße im Tal absteigen.

Museumsmühle Blumegg-Weiler

Fans von Mühlen ist an dieser Stelle der ↳ Abstecher nach links zur Museumsmühle Blumegg-Weiler zu empfehlen (➲ einfacher Weg etwa 700 m). Sie zählt zu einer der ältesten Mühlen in Deutschland und ist noch in großen Teilen originalgetreu erhalten. Die fünf Mahl- bzw. Stampfwerke wurden einst durch drei Mühlräder angetrieben, um Getreide und (Öl-)Früchte zu mahlen, aber auch Knochen und Kalkgestein wurden zu Gips verarbeitet.

⌘ Museumsmühle im Weiler, Zur Alten Mühle 1, 79780 Stühlingen-Blumegg,
☏ 077 03/520, 💻 www.landkreis-waldshut.de,
🚪 Mai-Okt an ausgesuchten Wochentagen

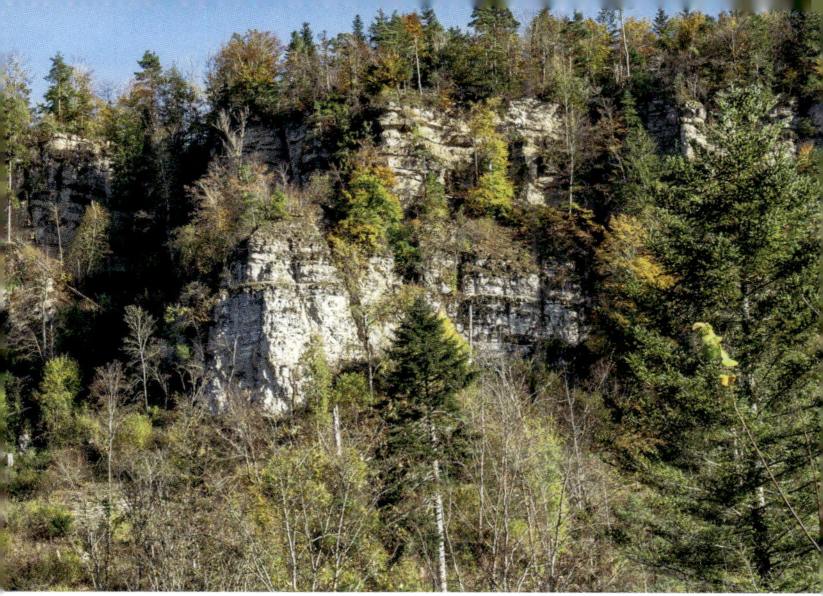

Um die Tour auf dem Schluchtensteig fortzusetzen, gehen Sie auf der Kreisstraße nach rechts, vorbei am Gasthaus Zur Wutachschlucht ❷ und dem Haltepunkt Lausheim-Blumegg der Sauschwänzlebahn.

Gasthaus Zur Wutachschlucht, Im Weiler 1, 79780 Stühlingen, ☏ 077 44/379, Mi-So 10:00-21:00, Mo und Di Ruhetag

Nach dem Überqueren der Gleise kehren Sie dann der Straße den Rücken zu und folgen dem Wanderweg nach links, entlang der rauschenden Wutach. Die Wutachflühen sind zwar weniger bekannt als die eigentliche Wutachschlucht, aber kaum weniger spektakulär. An der Gabelung nach knapp 1 km halten Sie sich rechts, wandern unter dem über 100 m langen und fast 30 m hohen Viadukt der Sauschwänzlebahn hindurch und lassen sich von der schmalen Metallbrücke ans gegenüberliegende Ufer bringen, wo nach einem kurzen Anstieg ein kleiner Rastplatz mit ein paar Sitzbänken und Infotafeln wartet.

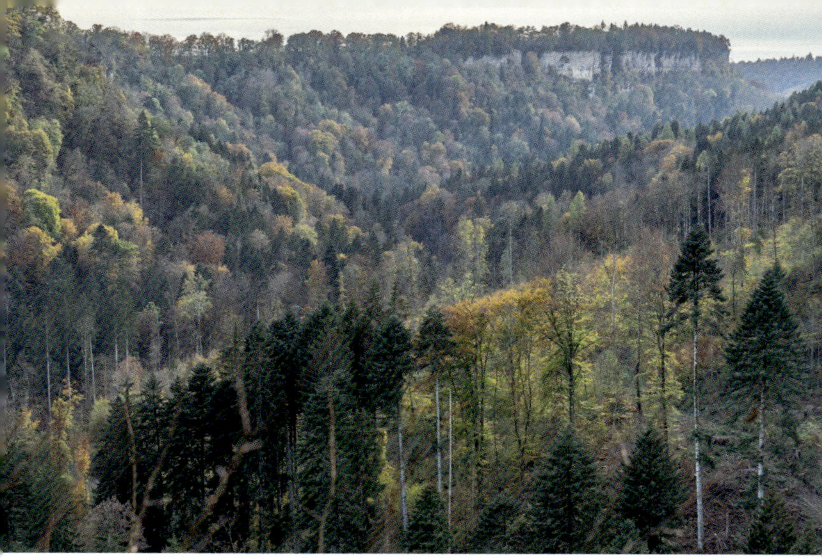

Blick über die Wutachflühen

Der Weg durch die Wutachflühen ist äußerst reizvoll, aber mitunter ist der Pfad nur ein schmales Band und zum Fluss hin fällt das Gelände steil ab. Etwas Trittsicherheit und gutes Schuhwerk sind daher notwendig.

Der Schluchtensteig folgt dem breiten Weg geradeaus, bevor er an der Gabelung 60 m weiter nach links auf einen schmalen Pfad wechselt. Der schönste Abschnitt der Tagesetappe liegt nun vor Ihnen. Der alemannische Ausdruck „Flühen" steht für „Fels" und kennzeichnet damit treffend den Charakter des Geländes. Der Wald mit moosüberwucherten Felsblöcken, umgestürzten Bäumen, die ihre Wurzeln wie Tentakel ausstrecken, und üppigem Adlerfarn wird immer wieder von hoch in den Himmel aufragenden Felswänden unterbrochen und nebenan rauscht die Wutach – erst noch direkt neben den Wanderstiefeln, später dann weiter unten in der Tiefe.

Nach etwa 850 m im wildromantischen Wald erreichen Sie den Mannheimer Felsen ❸.

Im weiteren Verlauf lassen Sie einen ersten Abzweig rechts liegen, überqueren einen kleinen Bach und halten sich an der nun folgenden Weggabelung rechts. Der Ostweg folgt hier weiter geradeaus der Wutach, der

Schluchtensteig klettert nach rechts an den Schluchtenrand. Oben bietet eine Lücke im Wald den freien Durchblick auf das Panorama der Wutachflühen, kurz darauf erreichen Sie den Rastplatz am Wanderparkplatz.

Sie folgen der Straße nach rechts und wenden sich hinter der Bahnunterführung nach links auf den unbefestigten Pfad, der durch die Felder steil bergan führt und schöne Ausblicke über das Wellenmeer aus Weiden und Wäldern bereithält.

Oben angekommen wandern Sie auf dem Pfad nach rechts weiter durch einen lichten Waldstreifen. Eine aussichtsreiche Holzliege lädt zu einer kurzen Pause ein. 100 m weiter erreichen Sie die Bielwasenhütte ❹, die über einen Rastplatz und eine Grillstelle verfügt.

Auf dem Schotterweg wandern Sie abwärts, wechseln nach 150 m nach links auf den schmalen Trampelpfad durch die Wiese und gelangen auf einen Feldweg, dem Sie nach links folgen. Dieser mündet in eine befestigte Straße, auf der Sie wenige Meter nach links gehen, um hinter der Baumgruppe nach rechts auf die kleine Straße zu wechseln, die in Richtung Waldrand aufsteigt.

Nach 200 m endet die Teerdecke und Sie wandern im rechten Winkel auf dem Feldweg weiter und können das Panorama mit dem Sauschwänzlebahn-Viadukt im Tal genießen, während Sie stetig an Höhe gewinnen. Der Weg durch die Wiesen erreicht eine Weggabelung, wo Sie dem Schotterweg nach links hinauffolgen.

In der scharfen Linkskurve nehmen Sie den nach rechts abzweigenden schmalen Pfad und ein kräftiger Anstieg bringt Sie zu einer Holzbank auf der Ottilienhöhe ❺.

Der Weg geradeaus würde Sie direkt nach Blumberg (➲ ca. 1 km) bringen, die Schluchtensteigraute leitet Sie allerdings nach links und der breite, einfach zu gehende Weg durch den Buchenwald führt zur Buchberghütte ❻ mit Rastbänken, Tischen und Grillplatz sowie einer phänomenalen Aussicht über die felsgekrönten Wutachflühen und Achdorf.

Hinter der Schutzhütte beginnt der Abstieg durch den Wald und die engen Serpentinen bringen Sie hinab zu einer Forststraße unter einer Hochspannungsleitung. Hier halten Sie sich rechts. Aus der Schotterstraße wird eine befestigte Straße und gut 50 m weiter biegen Sie nach links auf den schmalen Pfad ab, der Sie in einem Bogen zum Pommernweg am oberen Ortsrand von Blumberg führt, direkt am Friedhof Blumberg ❼.

Hier gehen Sie gleich hinter dem Parkplatz an der Friedhofsmauer nach rechts und biegen dann am unteren Friedhofszugang nach links auf die Friedhofstraße ab, die direkt ins Ortszentrum führt. Unten treffen Sie auf die Hauptstraße und wenige Schritte nach rechts ist mit dem Gasthof Hirschen die erste Übernachtungsmöglichkeit in Blumberg erreicht.

Blumberg

Tourist-Information Blumberg, Hauptstraße 52, 78176 Blumberg, ☏ 077 02/512 00, www.stadt-blumberg.de, Mo-Do 8:30-12:00

Hotel Gasthof Hirschen, Hauptstraße 72, 78176 Blumberg, ☏ 077 02/26 57, mail@hirschen-blumberg.de, www.hirschen-blumberg.de, ÜF EZ ab € 62, DZ ab € 104, Restaurant: Fr-Di ab 17:00, Mi und Do Ruhetag

⌘ Eisenbahnmuseum am Bahnhof Blumberg-Zollhaus, Bahnhofstraße 1, 78176 Blumberg, ☏ 077 02/513 00, www.sauschwaenzlebahn.de, Ausstellungen zur Geschichte der Wutachtalbahn in einem ehemaligen Güterschuppen, an Fahrtagen der Sauschwänzlebahn 8:30-17:30, an Tagen mit nur einer Fahrt 11:30-17:30

Blumberg geht zurück auf eine Burg, die im Mittelalter oberhalb der Wutach errichtet, dann aber im Dreißigjährigen Krieg zerstört wurde. Die Herrschaft der Fürstenberger brachte eine erste wirtschaftliche Blüte und im 15. Jahrhundert bekam die Siedlung die Stadtrechte. Aufgrund der Erzvorkommen in der Region wurde Blumberg im Dritten Reich zur Bergbaustadt und arbeitslose Bergbauleute aus dem Ruhrgebiet, Ostpreußen und von der Saar förderten das Rohmaterial für die militärische Aufrüstung. Bis 1940 entstanden 1.100 Wohnungen in gleichförmigen Reihenhaussiedlungen, die bis heute das Stadtbild prägen. Als die ersten Eroberungsfeldzüge den Zugriff auf ergiebigere Erzvorkommen ermöglichten, wurde der Bergbau aber bereits 1942 wieder eingestellt.

☺ Eine weitere Unterkunft finden Sie 8 km entfernt in Riedböhringen, das mit dem Bus erreichbar ist.

Hotel Gasthof Kranz Kardinal-Bea-Straße 13, 78176 Blumberg-Riedböhringen, ☏ 077 02/25 20, info@hotel-gasthof-kranz.de, www.hotel-gasthof-kranz.de, ÜF EZ € 60, DZ € 90, Restaurant: Di-So 11:30-14:00 und 17:00-21:00, Mo Ruhetag, gute Busverbindung mit den Linien 900 und 914, ➲ ca. 8 km vom Schluchtensteig

2. Etappe: Blumberg – Schattenmühle

20,3 km, 6 Std. 30 Min., ↑ 483 m, ↓ 542 m, ⇧ 525-680 m

0,0 km	⇧ 678 m	Blumberg
0,9 km	⇧ 633 m	Schleifenbachwasserfälle
2,8 km	⇧ 530 m	Achdorf ()
7,5 km	⇧ 560 m	Wutachmühle
10,4 km	⇧ 582 m	Josefssteg
11,4 km	⇧ 591 m	Rümmelesteg
13,2 km	⇧ 595 m	Schurhammerhütte
16,2 km	⇧ 608 m	Kapelle (ehem. Bad Boll)
20,3 km	⇧ 680 m	Gasthaus Schattenmühle

Der zweite Tag bildet das Herzstück des gesamten Schluchtensteigs. Gleich nach dem Start setzt der Schleifenbachwasserfall ein erstes landschaftliches Ausrufezeichen, bevor es über den Weiler Achdorf zum Sägewerk Wutachmühle geht. Hier beginnt die Wutachschlucht und die folgenden Kilometer gehören ohne Zweifel zu den schönsten Wanderwegen in ganz Deutschland. Mal geht es direkt auf Wasserhöhe vorbei an senkrecht aufragenden Wänden, mal erklimmt der Pfad die steilen Hänge, um tolle Ausblicke bieten zu können.

Landschaftliches Highlight der Etappe: der Schleifenbachwasserfall

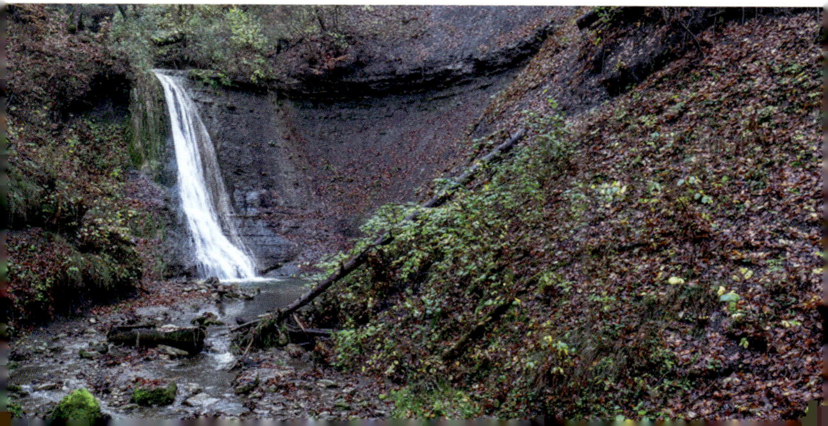

Vom Ausgang des 🛏 Hotels Hirschen folgen Sie der Hauptstraße nach rechts.

✋ ⇘ Auf dem weiteren Weg stößt man in der Schleifenbachklamm auf eine Leiter. Für diese Leiter, die nahezu senkrecht 8 m in die Tiefe führt, sollte man trittsicher sein und keine Höhenangst haben. Wer nicht ganz schwindelfrei ist und sich den Abstieg nicht zutraut, kann die Schleifenbachklamm südlich umgehen. Dazu biegt man nach dem Start von der Hauptstraße nach links auf die Friedhofstraße ab (auf der man am Vortag nach Blumberg hineingewandert ist). Knapp 100 m hinter der Brücke wendet man sich nach rechts. Die Straße Im Winkel geht hinter dem kleinen Spielplatz in den Feldbergweg über und am Ende zweigt nach rechts ein Pfad ab, der in die Schleifenbachklamm hinunterführt.

Sie passieren das alte katholische Pfarrhaus sowie die Stadthalle und wandern anschließend in der Rechtskurve der Kreisstraße Richtung Bonndorf geradeaus in die Sackgasse. An der Gabelung hinter dem Haus mit der Nummer 114 erinnert ein Gedenkstein an Theodor Bühler, einen Apotheker aus Basel, der am 29. Juni 1899 hier vom Blitz erschlagen wurde, als er auf einer vogelkundlichen Exkursion unterwegs war.

Hier halten Sie sich links und gehen anschließend links von der Garage auf dem Fußweg weiter. An der Holzbank liefert eine Schautafel Informationen zur Burg Blumberg und Warntafeln weisen auf die Schwierigkeiten des folgenden Abschnitts hin.

Dahinter geht es in engen Kurven durch den Wald bergab, tief unten rauscht es ordentlich. Die letzten Höhenmeter zur Brücke am Schluchtengrund führt eine steile Leitertreppe hinab.

Von der Brücke bietet sich ein guter Blick auf die ❀ Schleifenbachwasserfälle ❶, die sich in mehreren Kaskaden über 20 m in die Tiefe stürzen, und am gegenüberliegenden Ufer geht es dann durch den Wald wieder bergauf.

Oben angekommen halten Sie sich an der Gabelung rechts und folgen dem breiten Waldweg leicht abwärts. Am Waldrand biegen Sie nach links ab und wandern auf dem Pfad an der Wiese entlang, bald darauf in Begleitung der Hochspannungsleitung. Zur Rechten rückt das nächste Zwischen-

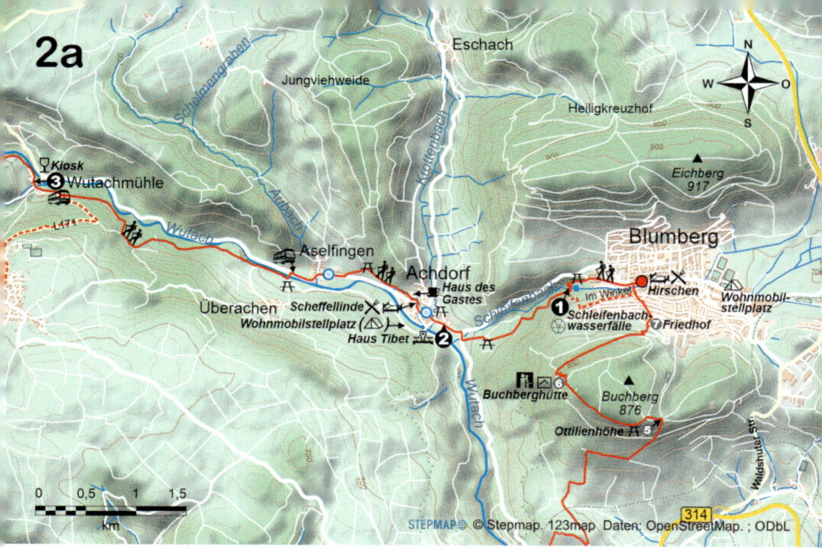

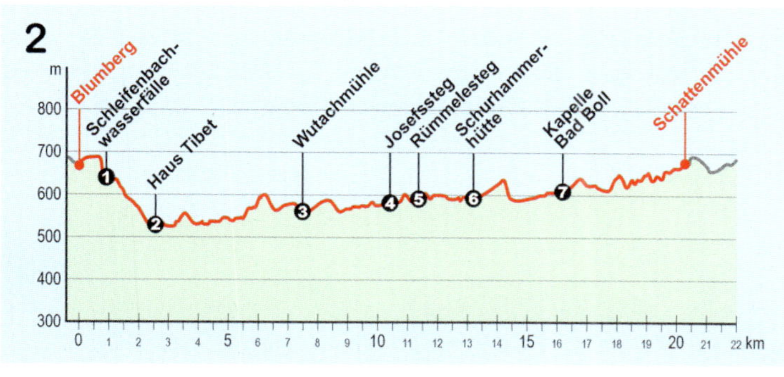

ziel, Achdorf, ins Blickfeld. An der Kreuzung neben einer Bank folgen Sie dem befestigten Weg gut 50 m geradeaus, bevor es nach links in Richtung Achdorf geht. Der Weg mündet in die Kreisstraße, Sie gehen nach rechts über die kleine Brücke und an der Blumberger Straße halten Sie sich schließlich links.

Der Schluchtensteig führt direkt am Ortsrand von Achdorf am Haus Tibet ❷ vorbei. In der umgebauten Scheune finden Sie einen

SB-Kühlschrank mit Snacks und Getränken sowie einen Aufenthaltsraum für schlechtes Wetter.

Kurz vor dem Rathaus erreichen Sie einen kleinen Platz mit Rastbank und Brunnen. Hier biegen Sie links in die Lindenstraße ein und verlassen diese kurz darauf vor dem Landgasthaus Scheffellinde nach rechts.

Achdorf

Landgasthaus Scheffellinde, Lindenstraße 8, 78176 Blumberg, 077 02/94 72, info@scheffellinde.de, www.scheffellinde.de, ÜF EZ € 60, DZ € 95, Restaurant: Mi-Sa 11:00-22:00, So und Fei 11:00-20:00 (warme Küche 11:30-14:00 und 17:00-20:00, So und Fei 11:30-19:00), Mo und Di Ruhetag

( ) Wohnmobilstellplatz Achdorfer Tal, Auf der Insel 3a, 78176 Blumberg, 077 02/512 00, touristinfo@stadt-blumberg.de, www.stadt-blumberg.de, Ü € 7, ganzjährig, auch für Zelte geeignet, allerdings keine sanitären Einrichtungen vorhanden

Haus des Gastes, Lindenstraße 12, 78176 Blumberg, 01 70/380 11 97, www.hdg-wutachschlucht.de, Mo und Di 17:00-20:00, Mi 11:30-15:00 und 16:00-21:00, Fr-So 11:30-21:00 (warme Küche immer ab 17:00), Do Ruhetag

Blick auf Achdorf

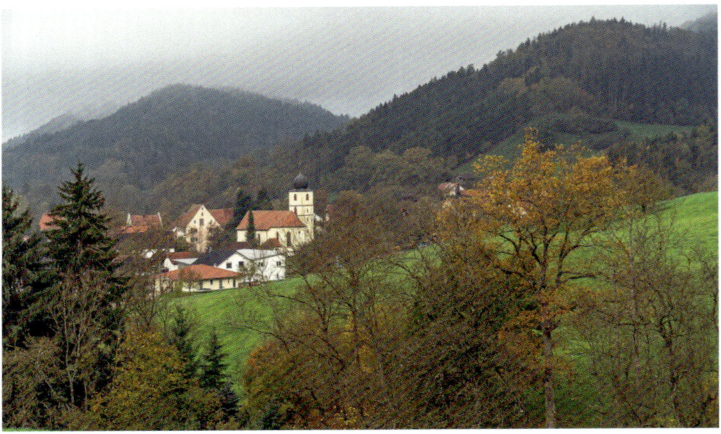

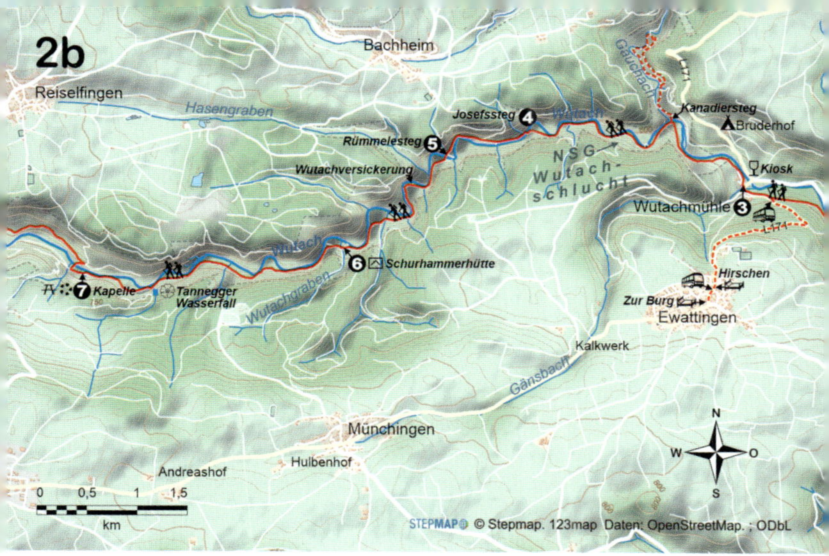

Hinter dem Landgasthaus Scheffellinde, und vorbei am historischen Mühlrad, wandern Sie nach links weiter, vorbei am ☕ Haus des Gastes, und folgen dem Weg durch die Parkanlage mit zahlreichen Rastbänken. Hinter dem Ortsende geht es durch Felder weiter und an der Rastbank unter einem Apfelbaum neben einer Eiche führen die Markierungen nach links hinunter in den nächsten Ort.

In Aselfingen gehen Sie auf der Wutachstraße nach rechts und folgen dieser durch den Ort. An der Bushaltestelle hinter dem Ortsausgang wenden Sie sich nach links Richtung Überachen. Eine Brücke bringt Sie über die Wutach und vor dem großen Wanderparkplatz mit ⩩ Rastplatz nehmen Sie die Nebenstraße nach rechts, dem Wutachufer folgend.

Etwa 400 m weiter schwenkt die Straße nach links vom Ufer weg und Sie wandern geradeaus weiter auf einem Forstweg, der erst durch Felder, dann durch Wald führt. An der Gabelung auf der lichten Wiese halten Sie sich rechts, tauchen wieder in den Wald ein und nehmen an der folgenden Gabelung ebenfalls den Weg nach rechts. Am Waldrand treffen Sie auf die Landesstraße und gehen rechts von der Leitplanke weiter abwärts bis zum Sägewerk an der Wutachmühle ❸.

Ein Stück weiter geradeaus bietet der Kiosk Wutachmühle, hinter der Brücke am gegenüberliegenden Ufer, in einer urigen Blockhütte die Möglichkeit zur Stärkung und Erfrischung vor der abgeschiedenen Etappe durch die Wutachschlucht.

Kiosk Wutachmühle, An der L171, 79879 Wutach-Ewattingen, ☏ 077 09/325 98 57 oder ☏ 077 09/91 97 05, wutachmuehleks@gmail.com, wetterabhängige Öffnungszeiten

Wenn Sie der Straße noch weiter folgen und dann rechts zum Bruderhof abbiegen, erreichen Sie einen Trekkingstützpunkt.

Trekkingstützpunkt am Bruderhof, Bruderhof 1, 79879 Ewattingen, ☏ 077 09/318 oder 01 60/96 26 83 58, binninger.bruderhof@gmx.de, Preis auf Anfrage, ➲ ca. 700 m nördlich der Wutachmühle bei der St.-Wolfgangs-Kapelle

Zu Fuß gelangen Sie entlang der Hauptstraße bergauf nach Wutach-Ewattingen. Es besteht aber auch eine stündliche Busverbindung ab der Wutachmühle (Linie 950).

Wutach-Ewattingen (➲ ca. 1,5 km südlich der Wutachmühle)

BANK

Landgasthof zur Burg, Hauptstraße 31, 79879 Wutach-Ewattingen, ☏ 077 09/279, info@gasthof-burg.de, www.gasthof-burg.de, ÜF EZ ab € 60, DZ ab € 103, Restaurant: Di-So 12:00-13:30 und 17:00-20:00, Mo Ruhetag

Pension Hirschen, Hauptstraße 44, 79879 Wutach-Ewattingen, ☏ 077 09/13 00, kontakt@hirschen-wutach.de, www.hirschen-wutach.de, ÜF EZ ab € 36, DZ ab € 64

♦ Pension Fohrenberg, Hauptstraße 8, 79879 Wutach-Ewattingen, ☏ 077 09/929 30, info@pension-fohrenberg.de, www.pension-fohrenberg.de, ÜF EZ € 49, DZ € 98

Die Wutachschlucht ist eine der letzten ursprünglichen Wildflusslandschaften Mitteleuropas und gerade bei nasser Witterung ist der Weg nicht zu unterschätzen. Festes Schuhwerk mit rutschfester Sohle ist dann unabdingbar, um nicht leichtsinnig Unfälle zu riskieren.

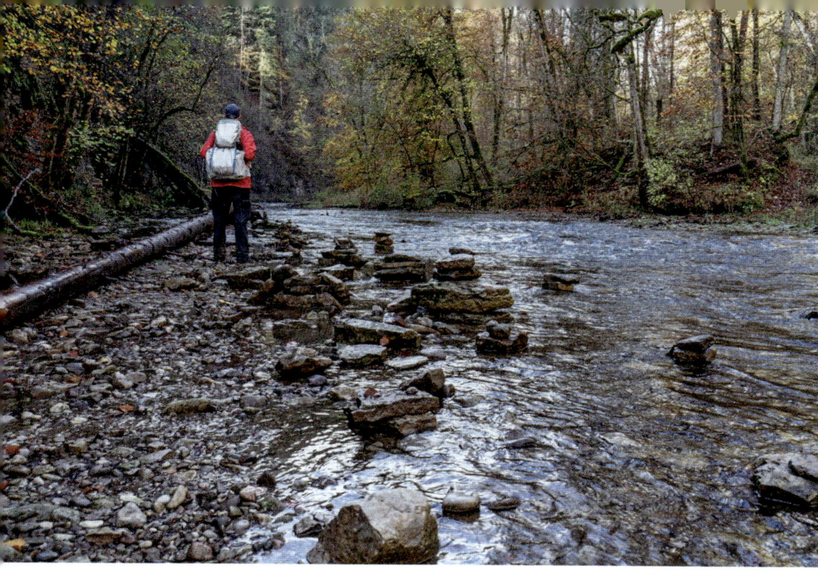

Einer der seltenen Zugänge zum Ufer der Wutach zu Beginn der Schlucht

Für den Weg in die Wutachschlucht geht es vor der Brücke nach links auf das Sägewerkgelände und dann vor dem Holzlagerplatz nach rechts. Die Wutachschlucht gibt sich zunächst noch unspektakulär als breiter Waldweg. Gut 1 km hinter dem Sägewerk erreichen Sie die Gauchachmündung.

☺ Wer etwas Zeit und Energie übrighat, der kann an dieser Stelle einen Abstecher unternehmen. Die Gauchachschlucht ist die kleine Schwester der Wutachschlucht. Sie ist zwar kürzer und weniger bekannt, aber nicht weniger spektakulär. Sie ist nicht so stark begangen, dafür aber ursprünglicher. Die Wege sind schwerer begehbar und eine Wanderung sollte man nur bei gutem Wetter und nicht nach ergiebigen Regenfällen unternehmen. Bei Hochwasser ist die Schlucht unpassierbar!

Zur Rechten überspannt eine überdachte Holzbrücke, der sogenannte Kanadiersteg, der von einem kanadischen Bataillon errichtet wurde, den Fluss. Sie lassen die Brücke rechts liegen und folgen weiter dem linken Wutachufer. Der zunächst noch breite Weg wird zusehends schmaler und zwängt sich schließlich direkt zwischen die zur Linken steil emporragende Felswand und die zur Rechten gurgelnde Wutach.

Fast wäre es mit dem „Grand Canyon“ des Schwarzwalds in den 1960ern zu Ende gegangen, hätten sich die Naturschützerinnen und Naturschützer nicht unermüdlich gegen die Pläne der Energiewirtschaft gewehrt, die Wutach durch einen 60 m hohen Damm aufzustauen.

Strandfeeling an der Wutachversickerung

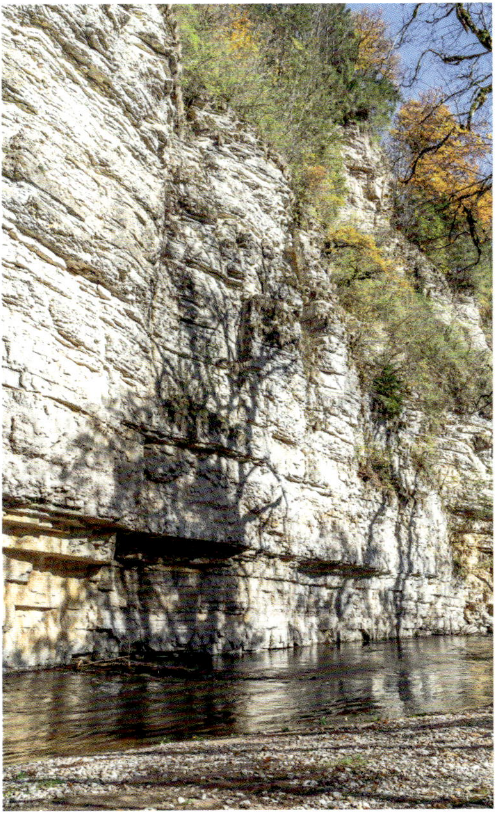

Der Weg oder vielmehr Pfad führt nun direkt neben den Felsen am Ufer am Wutachaustritt vorbei und knapp 2 km hinter der Gauchachmündung wechseln Sie über den Josefssteg ❹ ans gegenüberliegende Ufer, wo Sie die Wanderung auf einem breiten Weg fortsetzen.

An der nach 500 m folgenden Wegkreuzung zweigt nach rechts der Weg nach Bachheim ab; Sie wandern hier weiter geradeaus an der Wutach entlang. Kurz darauf bringt Sie der Rümmelesteg ❺ – benannt nach dem Bahnbauinspektor Karl Rümmele,

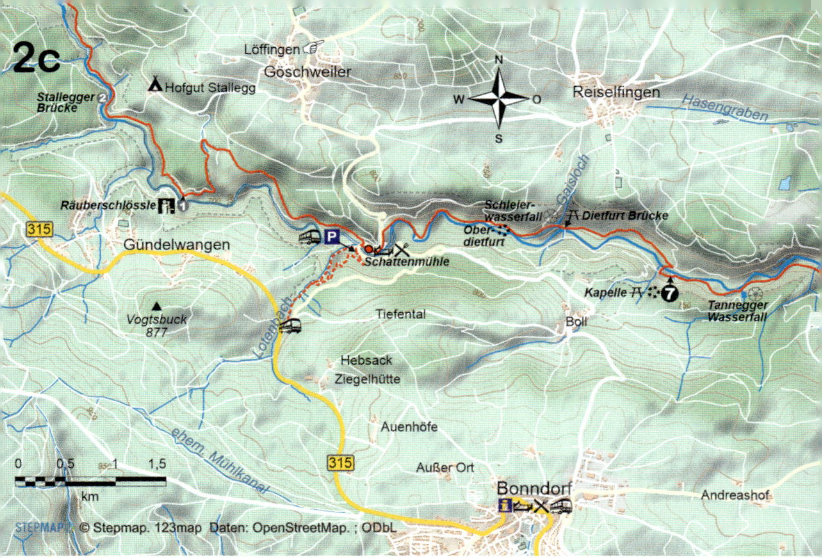

der viel zur Erschließung der Wutachschlucht beigetragen hat – wieder zurück ans linke Wutachufer. Der historische Steg wurde mehrmals durch Frühjahrshochwasser beschädigt und die Überreste sind von der aktuellen, 1996 erbauten Brücke gut zu sehen. Knapp 700 m weiter stehen Sie auf dem schönen Kieselstrand an der Wutachversickerung, wo ein beträchtlicher Teil des Wassers in den Kalk sickert. Das breite Kiesufer lädt zum Picknick ein und gegenüber scheint das Steilufer bis in den Himmel hinaufzuragen.

Im Anschluss klettert der Pfad noch einmal ein schönes Stück den Hang hinauf und führt hoch über dem Ufer, direkt an der Felswand entlang bis zur ⌂ Schurhammerhütte ❻. Die sonnige Wiese davor ist ein beliebter Rastplatz.

Der Name erinnert an den überzeugten Naturschützer Herman Schurhammer, der sich als Leiter des Wasser- und Straßenbauamts Bonndorf und Vorsitzender der dortigen Ortsgruppe des Schwarzwaldvereins für die Einrichtung eines Naturschutzgebiets entlang der Wutachschlucht stark machte, was dann 1939 endlich in die Tat umgesetzt wurde.

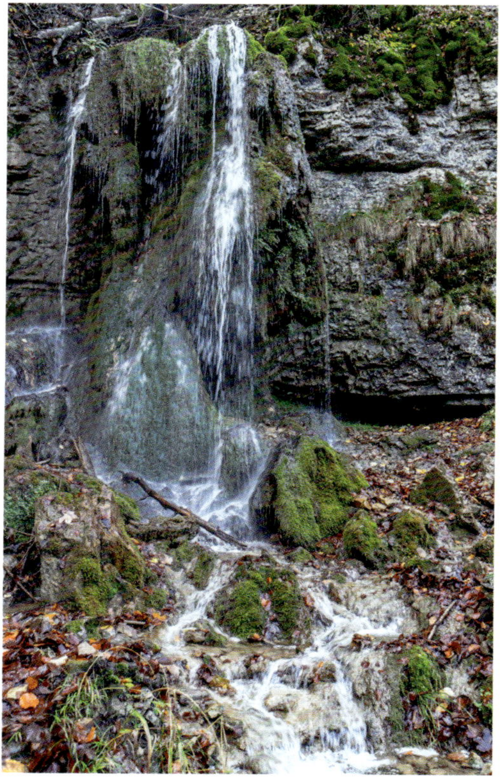

Tannegger Wasserfall

☝ Der folgende Wegabschnitt zwischen Schurhammerhütte und Kapelle im ehemaligen Bad Boll verläuft z. T. als schmaler Pfad bis zu 40 m über dem Ufer. Die exponiertesten Passagen sind mit Drahtseilen gesichert.

Hinter der Hütte führt der Schluchtensteig noch einmal ein ordentliches Stück bergan und zieht sich als schmaler Pfad am Fels entlang, dann geht es runter in einen üppig grünen Auenwald, vorbei am imposanten ✿ Tannegger Wasserfall. Ein Steg bringt Sie über einen schmalen Seitenbach, dann führt der breite, einfach zu gehende Weg durch die Talsohle bis zu einer Lichtung mit sonnigen ⩩ Rasttischbänken an der ⌘ Ruine der Kapelle Bad Boll ❼.

⌘ ✞ Die kleine Kapelle ist das einzige Überbleibsel des einstigen Kur- und Badeortes Bad Boll und es ist heute schwer vorstellbar, dass hier die Keimzelle für den Tourismus in der Wutachschlucht liegt. Die hiesige Heilquelle wurde von alters her zur Behandlung diverser Leiden genutzt und im

19. Jahrhundert lockte dann der Forellenreichtum vor allem Angler an. So war es der London Fishing Club, der die Strecke bis zur Gauchachmündung begehbar machte. Nach dem Ersten Weltkrieg diente das Areal bis 1969 als Tagungsstätte, dann als Klinik. 1975 brannten die Gebäude nieder und 1991 wurden die Ruinen komplett beseitigt.

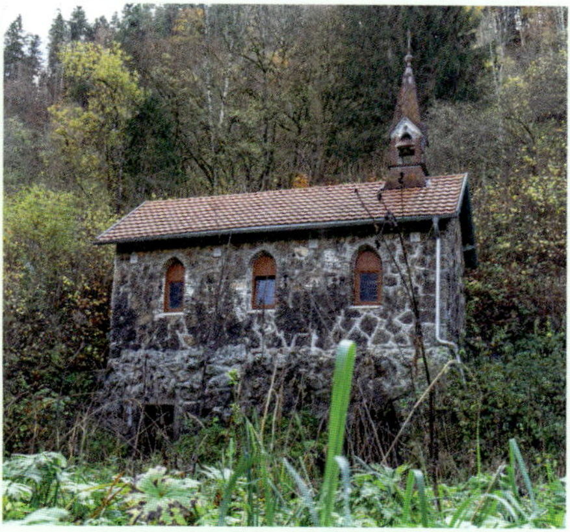

Alte Kapelle des ehemaligen Bad Boll

Ein paar Schritte hinter der Kapelle erreichen Sie einen kleinen Infopavillon an einer Wegkreuzung und biegen nach rechts auf den schmalen Pfad ab. Über eine Brücke überqueren Sie erneut die Wutach und gelangen an eine weitere Kreuzung. Hier nehmen Sie den breiten, leicht ansteigenden Waldweg nach links. Auf Höhe der Dietfurtbrücke, die Sie links liegen lassen, befindet sich ein leicht erhöht liegender Rastplatz.

Sie folgen weiter dem Weg durch den idyllischen Wald. An der Gabelung hinter dem kleinen Schleierwasserfall rechts vom Weg wandern Sie geradeaus weiter (der Weg nach rechts führt direkt nach Löffingen, 6,5 km). Im Wald links vom Pfad verstecken sich die überwucherten Ruinen von Oberdietfurt, das in vergangenen Zeiten ein wichtiger Wutachübergang nach Bonndorf war, und die erhaltenen Entfernungssteine am Wegesrand erinnern an die mittelalterliche Straße. Der mittlerweile stark verwurzelte Pfad hat eine fast mystische Anmut, allerdings sind die Wegmarkierungen etwas rar auf diesem Abschnitt.

Über eine offene Wiese zieht sich der Weg in einer Rechtskurve wieder in den Wald, wo Sie ein letztes Mal unmittelbaren Zugang zum Ufer der Wutach haben. Anschließend folgt der Pfad in wechselndem Abstand der Wutach, bis zum Etappenziel an der Schattenmühle.

🛏✕ Schattenmühle, Schattenmühle 1, 79843 Löffingen, ☏ 076 54/17 05,
✉ schattenmuehle@web.de, 💻 www.schattenmühle.de, ÜF EZ € 50, DZ € 80,
🚪 Restaurant: Fr-Mi 12:00-20:00, Do Ruhetag

↳ Abstecher in die Lotenbachklamm

Der Lotenbach ist ein etwa 3 km langer Seitenarm der Wutach. Im unteren Abschnitt hat das Wasser auf einer Länge von etwa 1,5 km eine tiefe Schlucht in den Granit gefressen und es gibt praktisch keinen touristischen Prospekt über die Wutachschlucht, der ohne ein Foto aus der Lotenbachklamm auskommt. Die enge, wilde Schlucht beeindruckt mit zahlreichen spektakulären Wasserfällen und mächtigen Tosbecken und der Abstecher in die wildromantische Lotenbachklamm ist sehr zu empfehlen.

Wer ohnehin in Bonndorf übernachten möchte, kann die Lotenbachklamm komplett aufsteigen und trifft am Ende auf den Wanderparkplatz an der B315 zwischen Gündelwangen und Bonndorf, wo auch ein Linienbus verkehrt. Aber auch als kurze Extrarunde am Ende der 2. bzw. am Anfang der 3. Etappe lässt sich die Klamm gut erkunden. Dazu folgen Sie am Ende des Parkplatzes an der Schattenmühle dem Wegweiser in die Lotenbachklamm. Schon nach einem kurzen Aufstieg durch den Wald ist der erste sich in die Tiefe stürzende Wasserfall erreicht. Anschließend wandern Sie die Klamm, begleitet vom rauschenden Wasser, durch hellgrün leuchtenden Farn weiter hoch bis zum Wegweiser Müllerweg auf einem abgesägten Baumstumpf. Von hier bringt Sie eine 180°-Kurve auf einen Weg zurück zum Parkplatz an der Schattenmühle (➲ ca. 1,5 km, ⌛ 45 Min).

☺ Wer mit dem eigenen Zelt unterwegs ist, findet im Trekking-Camp Göschweiler eine geeignete Übernachtungsmöglichkeit. Das Camp liegt in direkter Nähe zum Schluchtensteig am Beginn der 3. Etappe. Eine frühzeitige Reservierung ist aufgrund der geringen Kapazität unbedingt notwendig.

⛺ Trekking-Camp Göschweiler, ☏ 076 76/93 36 78,
✉ kontakt@trekking-schwarzwald.de, 💻 www.trekking-schwarzwald.de,
Ü € 12 (pro Zelt), 🚪 Mai-Okt

✋ ↳ Das Etappenende an der Schattenmühle liegt tief in der Wutachschlucht und es besteht kein Handyempfang. Der Wanderbus Wutachschlucht nach Löffingen und Bonndorf verkehrt lediglich an Wochenenden und Feiertagen in der Hauptsaison (ca. Ende April bis ca. Ende Oktober). Wer nicht direkt in der Schattenmühle übernachtet (mit Abstand die beste Option), der sollte frühzeitig abklären, ob sich mit der gewünschten Unterkunft ein Transferservice vereinbaren lässt.

Bei einer Übernachtung in Bonndorf gibt es zwei weitere Möglichkeiten: Zum einen können Sie den Schluchtensteig bereits 250 m nach der alten Kapelle von Bad Boll über den schmalen Pfad nach links verlassen, und anschließend durch den Ort Boll und weiter über die Felder nach Bonndorf wandern (ca. 3,5 km; in etwa die Distanz, die auch bis zur Schattenmühle fehlt). Ab Boll besteht wieder Handyempfang, falls Sie eine Abholung vereinbaren oder die genaue Strecke über Google Maps aufrufen möchten. Zum anderen können Sie von der Schattenmühle in ca. 30 Minuten durch die Lotenbachklamm aufwärts zur 🚌 Bushaltestelle „Gündelwangen, Abzweig Schattenmühle" an der B315 Neustadt-Bonndorf gelangen. Hier besteht eine stündliche Busverbindung nach Bonndorf (Linie 7344).

Wenn Sie in Löffingen übernachten möchten, dann sind Sie auf den Wanderbus oder eine Abholung durch den Gastgeber angewiesen. Auf jeden Fall muss das Ende dieser Etappe genau geplant werden.

Löffingen (➲ ca. 7 km nördlich der Schattenmühle)

ℹ 🛏 ✕ ☕ 🛒 ⚕ BANK ⌘ 🚌 🚆

ℹ Tourist-Information Löffingen, Rathausplatz 14, 79843 Löffingen, ☏ 076 52/12 06 83 50, ✉ loeffingen@hochschwarzwald.de, 💻 www.loeffingen.de, 🚪 Mo, Di, Do, Fr 9:00-12:00 und 14:00-17:00, Mi nur 9:00-12:00

🛏 ✕ Gasthof Linde, Obere Hauptstraße 10, 79843 Löffingen, ☏ 076 54/354, ✉ info@linde-loeffingen.de, 💻 www.linde-loeffingen.de, ÜF EZ ab € 58, DZ ab € 110, 🚗 € 35, 🚪 Restaurant: Mo, Di, Fr und Sa 17:00-20:15, So und Fei 11:30-13:45 und 17:00-20:15, Mi und Do Ruhetag

♦ Landhotel Ochsen, Rathausplatz 12, 79843 Löffingen, ☏ 076 54/327, ✉ info@landhotel-ochsen.de, 💻 www.landhotel-ochsen.de, ÜF EZ € 74, DZ € 112, 🚪 Restaurant: Mi-So und Fei 11:30-16:30, Mo und Di Ruhetag

⌘ Heimatstube im Gebäude der ℹ Tourist-Information, 🚪 Mo, Di, Do, Fr 9:00-12:00 und 14:00-17:00, Mi nur 9:00-12:00

Die Marktstadt Löffingen betrat die Bühne der amtlich dokumentierten Geschichtsschreibung im 9. Jahrhundert. Im 13. Jahrhundert ließen die Grafen von Fürstenberg die Siedlung Leffinga zur Stadt ausbauen. Die mittelalterliche Innenstadt mit schönen Zinnengiebelhäusern ist noch recht gut erhalten. Gebildet wird das Zentrum von dem Rathaus, der Stadtkirche St. Michael, dem Kriegerdenkmal und dem Brunnen des Stadtheiligen. An die Geschichte des Ortes erinnert alljährlich die Löffinger Fasnet mit Figuren wie Laternenbruder, Reichburgmali, Hansele, Hexe und der Narrenpolizei.

Bonndorf

(➲ ca. 7 km südlich der Schattenmühle)

Tourist-Information Bonndorf, Martinstraße 5, 79848 Bonndorf,
☏ 077 03/76 07, touristinfo@bonndorf.de, www.bonndorf.de,
Mai-Okt Mo-Fr 9:00-12:00 und 14:00-18:00, Sa 10:00-12:00

Möhringers Schwarzwaldhotel, Rothausstraße 7, 79848 Bonndorf,
☏ 077 03/932 10, info@schwarzwaldhotel.com,
www.schwarzwaldhotel.com, ÜF EZ ab € 101, DZ ab € 182, inkl. Badewelt und Saunanutzung, Restaurant: kein Ruhetag, Öffnungszeiten bei Bedarf erfragen

♦ Gasthaus zum Kranz, Martinstraße 6, 79848 Bonndorf, ☏ 077 03/938 30,
info@kranz-bonndorf.de, www.kranz-bonndorf.de, ÜF EZ ab € 50,
DZ ab € 90, Restaurant: Mi-Sa, Mo 11:30-14:00 und 17:30-21:00,
So und Fei bis 20:30, Di Ruhetag

⌘ Fasnachts-Museum Schloss-Narrenstuben im Schloss Bonndorf, Schlossstraße 9, 79848 Bonndorf, ☏ 077 03/233, schloss.narrenstuben.bonndorf@t-online.de,
www.bonndorf.de, Jan-Okt Fr und Sa 10:00-12:00 und 14:00-17:00, So 14:00-17:00

Den Mittelpunkt von Bonndorf bildet das barocke Schloss, das Ende des 16. Jahrhunderts als Wasserschloss erbaut und später von den Fürstäbten aus St. Blasien als Sommerresidenz genutzt wurde. Heute beherbergt es ein Museum, das mit bunten Trachten und skurrilen Masken über die Tradition der Fasnacht in Bonndorf informiert.

Unterhalb des Schlosses lädt ein japanischer Garten mit Teehaus, Schildkröteninsel und Meditationsgarten zum Lustwandeln ein.

3. Etappe: Schattenmühle – Fischbach

18,4 km, 5 Std. 30 Min., ↑ 727 m, ↓ 452 m, ⇧ 680-1.101 m

0,0 km	⇧	680 m	Gasthaus Schattenmühle
3,2 km	⇧	714 m	Räuberschlössle
4,6 km	⇧	699 m	Stallegger Brücke
7,7 km	⇧	753 m	Rechenfelsen
12,8 km	⇧	806 m	Lenzkirch, Kurhaus BANK
13,8 km	⇧	868 m	Aussichtspunkt Schliecht
16,4 km	⇧	932 m	Cyriakkapelle
17,7 km	⇧	1.101 m	Fischbacher Höhe
18,4 km	⇧	1.034 m	Fischbach

Von der Schattenmühle steigen Sie durch den Wald an den Schluchtenrand zum Räuberschlössle, einem steilen Felsen hoch oberhalb der Wutach. Anschließend geht es im Wutachtal aufwärts über die Rötenbach- zur Haslachmündung. Hier vereinen sich Haslach und Gutach zur Wutach und der Schluchtensteig biegt in die Haslachschlucht ab. Weitere Höhepunkte, im wahrsten Sinne des Wortes, sind auf dem Weg nach Lenzkirch erst der Rechenfelsen, dann der Höllochfelsen. In Lenzkirch beginnt der Etappenendspurt bergauf, vorbei an der Cyriakkapelle durch das ruhige Schwendetal nach Fischbach.

Hinter dem Gasthaus Schattenmühle folgen Sie der Straße, die Bonndorf im Süden mit Löffingen im Norden verbindet, kurz nach rechts (links über die Wutachbrücke liegen Wanderparkplatz und Bushaltestelle) und finden nach wenigen Schritten in der Kurve nach links abzweigend die Fortsetzung des Schluchtensteigs. Die Treppe bringt Sie hoch zu einem breiten Waldweg, dem Sie leicht ansteigend nach links folgen. Nach 1,6 km erreichen Sie einen Rastplatz an einem Jesuskreuz und an der Gabelung 200 m weiter wandern Sie nach links über die Wiese.

Knapp 300 m weiter halten Sie sich an zwei aufeinanderfolgenden Gabelungen jeweils links und folgen dem schönen Pfad durch den Wald des Fürsten zu Fürstenberg. Leicht bergab erreichen Sie die geheimnisvolle

Felsformation Räuberschlössle ❶ mit einer beeindruckenden Aussicht über die in der Tiefe dahinrauschende Wutach.

Bei dem exponierten Felsen handelt es sich um eine Quarzporphyr-Störung, auf der im 14. Jahrhundert die Burg Neu-Blumegg errichtet wurde. Der Name erinnert an die Wegelagerer, die hier einst Unterschlupf suchten, von der Burg ist aber nichts mehr zu sehen, da diese im Bauernkrieg komplett zerstört wurde.

Anschließend führt der idyllische Waldweg hoch über dem Ufer weiter und senkt sich, nach einem kurzen Gegenanstieg, allmählich hinab zur überdachten Stallegger Brücke ❷, die einst von Kaufleuten und Händlern als Wutachübergang genutzt wurde. Der Schluchtensteig aber bleibt am rechten Ufer.

Die erste Brücke aus dem 15. Jahrhundert wurde im Dreißigjährigen Krieg zerstört und erst nach 70 Jahren wieder aufgebaut. Die heutige Konstruktion geht auf das Jahr 1852 zurück.

Der nach der Stallegger Brücke rechts abzweigende Weg führt direkt an den Hof Stallegg, wo es einen Trekkingstützpunkt gibt.

Trekkingstützpunkt Hof Stallegg, Stallegg 1, 79843 Löffingen, ☏ 076 54/228 06 34, info@stallegg.de, www.stallegg.de, Ü ab € 15, ➲ ca. 700 m

Vogelzwitschern und Wutachrauschen begleiten die nun folgende Wanderung durch den Wald, zunächst auf einem breiten Forstweg, ab dem Wasserkraftwerk Stallegg dann auf einem schmalen Pfad. Hier liegt Ihnen die Wutach wie ein ruhiger Fjord zu Füßen. An dieser Stelle wurde 1895 das erste Flusskraftwerk Badens errichtet, um das fürstliche Schloss in Donaueschingen mit Strom zu versorgen.

Nach einem kurzen Zwischenanstieg senkt sich der Weg hinab zur idyllischen Rötenbachmündung, die mit einigen Holzbänken zu einer ausgiebigen Pause einlädt. Hinter der Brücke über den Rötenbach halten Sie sich links, ebenso an der folgenden Gabelung. Der wurzelübersäte Pfad führt zunächst dicht am Ufer entlang, gewinnt vorübergehend wieder etwas an

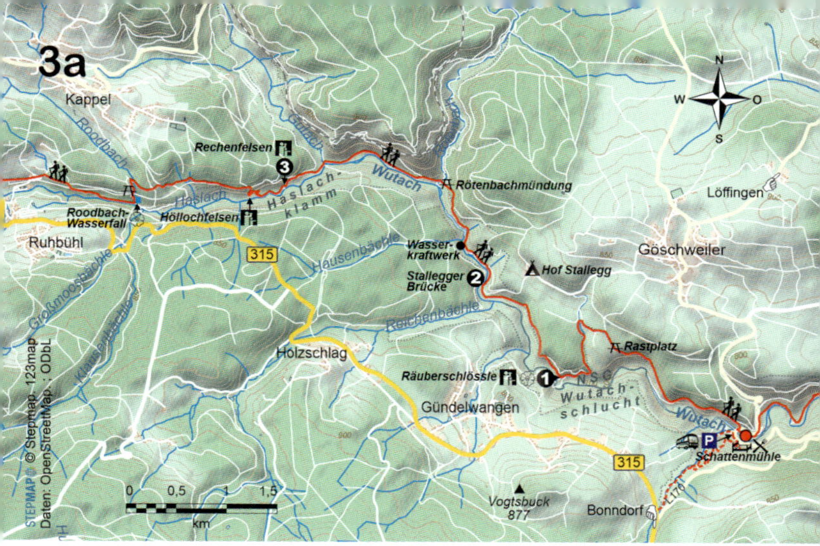

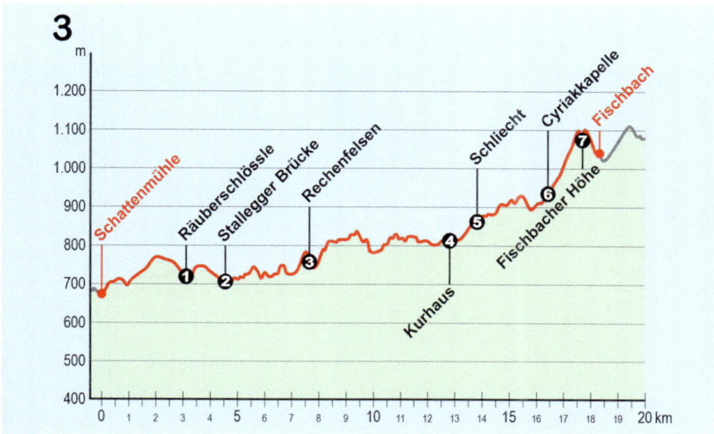

Höhe und senkt sich dann, nach einem leicht exponierten Abschnitt, hinab zum Metallsteg über die vom Titisee kommende Gutach, die sich hier mit der Haslach zur Wutach vereinigt.

Der Schluchtensteig biegt jetzt in die enge Haslachklamm ein und Sie lassen den zweiten Steg links liegen. Der schmale Pfad am Ufer der

Haslach bringt Sie hoch auf den Rechenfelsen ❸ und weiter zum Höllochfelsen.

Dahinter klettert der Pfad noch ein paar Höhenmeter hinauf bis zu einem breiten Forstweg, dem Sie nach links zum ehemaligen Bahnhof Kappel-Grünwald an der stillgelegten Bahnstrecke Neustadt – Lenzkirch – Bonndorf folgen.

Der Forstweg mündet bei einer Infotafel in die Grünwälder Straße, wo Sie nach rechts weitergehen. Bereits in der nächsten Kurve kehren Sie der Straße aber wieder den Rücken zu, nehmen den Pfad nach links über die Wiese, wandern geradeaus über den querenden Forstweg und biegen dann hinter der Brücke über den Roodbach nach links auf den Waldweg ab. Nach diesem kurzen, aber sehr idyllischen Wegstück erreichen Sie einen Rastplatz am kreuzenden Radweg auf dem ehemaligen Bahndamm. Links davon führen Sie Treppen neben dem Roodbachwasserfall hinab ans Haslachufer, wo Sie die Wanderung nach rechts fortsetzen.

Die Haslach zwängt sich am Rechenfelsen vorbei

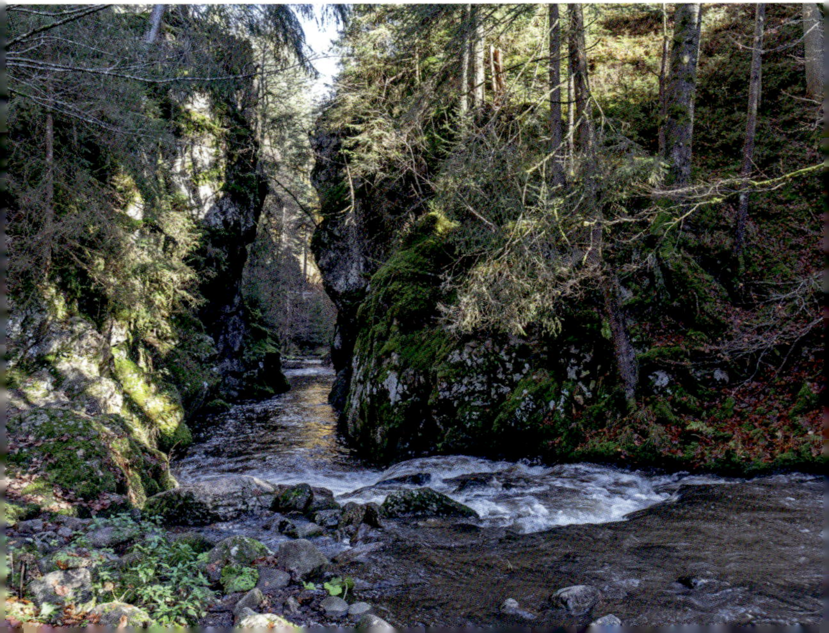

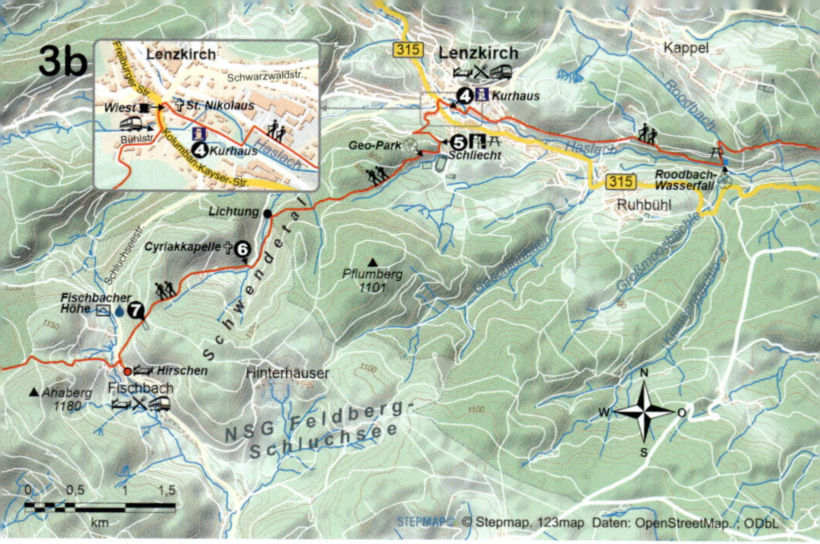

Der Wanderweg führt ein Stück direkt am Ufer entlang und gewinnt dann wieder an Höhe. Sie überqueren den Radweg erneut und wandern in einer Linkskurve weiter bis zu einem Forstweg am Waldrand, der wenige Meter weiter in eine befestigte Straße übergeht. Diese verläuft an einem Hof vorbei und führt durch weite Wiesen in das Neubaugebiet am Ortsrand von Lenzkirch. Vor der Holzschnitzerei Faller halten Sie sich an der Weggabelung links und folgen der Ludwig-Kegel-Straße am Hotel Schwörer vorbei. Im folgenden kleinen Gewerbegebiet biegen Sie beim Nutzfahrzeughändler links auf den kombinierten Fuß-/Radweg, halten sich hinter der Brücke über die Haslach rechts und kommen am Kurhaus Lenzkirch ❹ vorbei ins Ortszentrum mit Kirche und Rathaus.

Lenzkirch

Tourist-Information Lenzkirch, Am Kurpark 2 (Kurhaus), 79853 Lenzkirch, 076 52/12 06 84 01, lenzkirch@hochschwarzwald.de, www.lenzkirch.de, Mo, Di, Do und Fr 9:00-12:30 und 13:30-16:00, Mi 9:00-12:30

Hotel Schwörer, Ludwig-Kegel-Straße 25, 79853 Lenzkirch, 076 53/219, hotel.schwoerer@t-online.de, www.schwarzwaldhotel.online, ÜF EZ ab € 69, DZ ab € 105, Restaurant: Di-So warme Küche 18:00-21:00, So auch 12:00-14:00, Mo Ruhetag

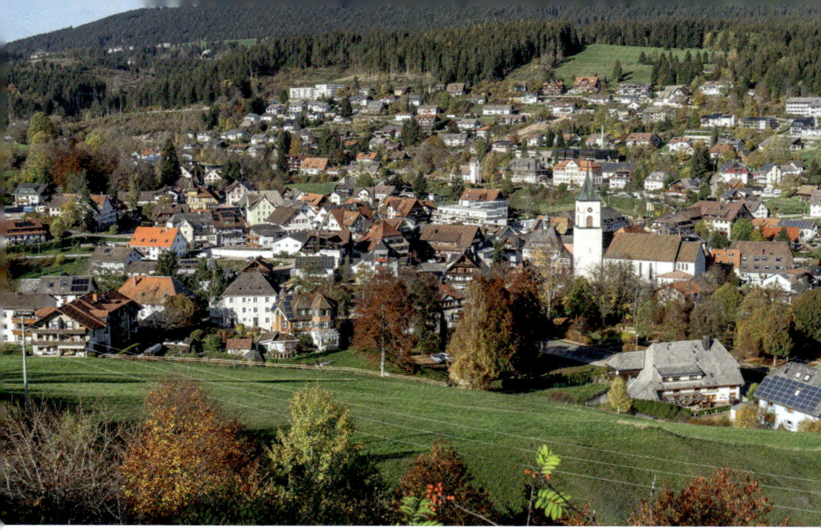

Blick über Lenzkirch

⛺ Camping Kreuzhof, Bonndorfer Straße 65, 79853 Lenzkirch, ☏ 076 53/14 50, info@camping-kreuzhof.de, www.camping-kreuzhof.de, Ü ab € 14,30, ganzjährig

Der beschauliche Kurort Lenzkirch markiert den Beginn des Höhenabschnitts am Schluchtensteig, bis zum Etappenende sind noch gut 250 Höhenmeter zu bewältigen. Am Rathausplatz im Zentrum gehen Sie gegenüber der Kirche hinter dem Café der Bäckerei Wiest nach links und biegen gut 100 m weiter hinter der Buswendeschleife nach rechts auf die Bühlstraße ab. Hinter den letzten Häusern am südlichen Stadtrand von Lenzkirch geht es über eine Wiese hoch zur nächsten Straße. Auf dieser gehen Sie knapp 200 m nach links und biegen dann nach rechts auf den Wanderweg ab, der Sie zum Aussichtspunkt Schliecht ❺ bringt, wo ein Rastplatz mit Schutzrotunde und Bücherkiste über den Dächern von Lenzkirch wartet.

Hinter dem kleinen Geologiepark, der von der Lenzkircher Ortsgruppe des Schwarzwaldvereins angelegt wurde und für die Region typische Gesteine wie Granite, Porphyre und Konglomerate zeigt, biegen Sie bei den nächsten Häusern rechts in die Straße ein und halten sich am Ende an der Gabelung links auf dem Forstweg, der bald darauf in den Nadelwald eintaucht.

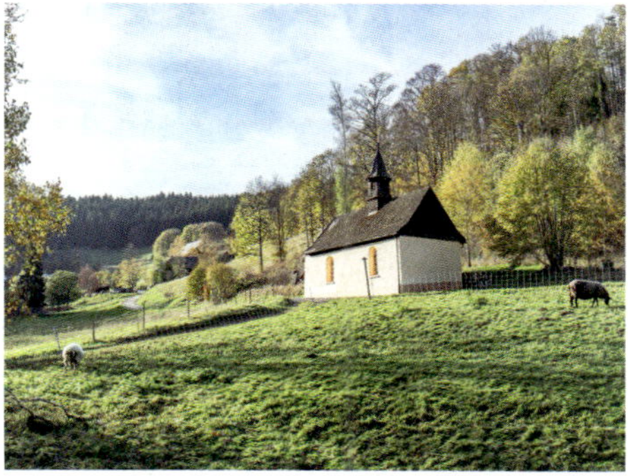
Malerische Cyriakkapelle im Schwendetal

Nach 1 km überqueren Sie die Kreuzung geradeaus und folgen dem leicht absteigenden Weg, der in der Folge schöne Ausblicke in das angrenzende Tal freigibt. An der Lichtung auf dem Pflumberg biegen Sie links in das malerische Schwendetal ein und wandern durch die ruhigen Wiesen bis zur Straße an der ✞ Cyriakkapelle ❻, die erstmals zu Beginn des 14. Jahrhunderts erwähnt wurde. Nun ist in etwa die Hälfte des Aufstiegs auf die Fischbacher Höhe geschafft.

Die Straße bringt Sie nach links bergan und an einigen Höfen vorbei erreichen Sie den Waldrand. Anschließend klettert der Weg steil hinauf bis zur Fischbacher Höhe. Der Anstieg auf gut 1.100 m geht zum Ende der Tagesetappe ordentlich in die Beine. Auf der Fischbacher Höhe ❼ warten eine offene Schutzhütte, ein Rastplatz mit Grillstelle und ein Brunnen.

An der Gabelung dahinter halten Sie sich rechts und steigen auf einem Waldweg gemütlich nach Fischbach ab, wo Sie direkt am Parkplatz vor dem ✕ Landgasthof Hirschen auf die Straße treffen.

Fischbach

✕ Hotel Restaurant Hirschen, Schluchseestraße 9, 79859 Schluchsee, Ortsteil Fischbach, ☏ 076 56/989 40, info@hirschen-fischbach.de,
www.hirschen-fischbach.de, ÜF EZ ab € 55, DZ ab € 110,
Restaurant: Mo-Fr 11:30-14:00 und 17:30-20:30, Sa, So und Fei 11:30-20:30

Die kleine Siedlung Fischbach ist ein Ortsteil von Schluchsee und liegt knapp 4 km entfernt auf einer idyllischen Anhöhe. Neben einem Skilift und einer kleinen Kapelle gibt es mit dem Hirschen einen sehr beliebten Gasthof und außerdem einige Ferienwohnungen.

4. Etappe: Fischbach – St. Blasien

19,6 km, 6 Std., 440 m, 722 m, 773-1.145 m

0,0 km	1.034 m	Fischbach
2,0 km	1.111 m	Abzweig Bildsteinfelsen
3,5 km	923 m	Schluchsee-Aha
7,8 km	937 m	Vesperstube Unterkrummenhof
11,2 km	1.145 m	Krummenkreuzbrunnen
14,2 km	1.102 m	Pfaffenbrünnele
15,8 km	1.101 m	Getränkebrunnen Althütte
18,3 km	850 m	Windbergschlucht
19,6 km	773 m	St. Blasien BANK

Hinter Fischbach klettert der Schluchtensteig aufwärts und vom 1.134 m hohen Bildstein bietet sich eine einmalige Aussicht mit dem tiefblauen Schluchsee zu Ihren Füßen und dem Feldbergmassiv am Horizont. Anschließend geht es hinab nach Schluchsee-Aha und weiter auf einem breiten Wanderweg am Ufer des größten Schwarzwaldsees entlang. Nach einer Brotzeit in der Vesperstube Unterkrummenhof verschwindet der Schluchtensteig wieder im Wald, um die Hochebenen Muchenland und Blasiwald zu erklimmen. Ab dem Weiler Althütte geht es dann merklich abwärts und kurz vor dem Ende hält auch die heutige Etappe noch eine wildromantische Schlucht bereit. Begleitet vom Tosen der Windbergwasserfälle wandert man direkt hinein nach St. Blasien, wo das Stadtbild vom mächtigen Dom beherrscht wird. Die gewaltige Kuppel mit einer Höhe von 62 m und einem Durchmesser von 36 m zählt zu den größten Kirchenkuppeln Europas!

Sie gehen vom Gasthof Hirschen die Straße wieder zurück. Am Ende des Parkplatzes biegen Sie nach links auf den ruhigen Bildsteinweg ab, der durch schöne Wiesen leicht bergan führt.

Die befestigte Straße endet am Waldrand, kurz nach dem letzten Hof, und der Schluchtensteig setzt sich auf dem Forstweg fort. An der auffälligen Weggabelung mit dem Hochsitz wandern Sie links weiter und folgen,

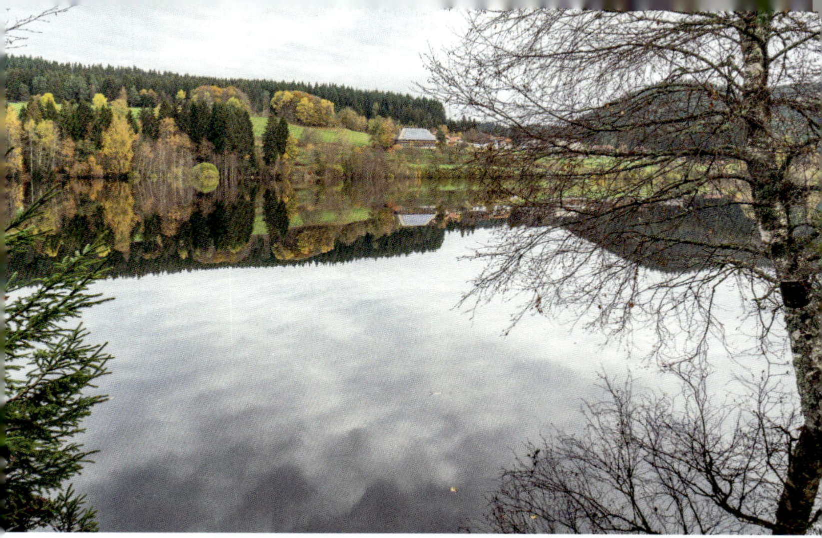

Schluchsee

die kleineren abzweigenden Pfade ignorierend, dem breiten Weg durch den Nadelwald. Der Weg verliert zunächst etwas an Höhe und an der großen Kreuzung geht es geradeaus weiter. Knapp 300 m weiter erreichen Sie den ⇘ Abzweig zum Bildstein ❶, den Sie auf keinen Fall auslassen sollten. Auf dem Plateau hoch über dem Schluchsee bieten mehrere Rastbänke die Möglichkeit, im weiten Landschaftspanorama zu schwelgen, und das hat es in sich. Zu Ihren Füßen liegt der größte Schwarzwaldsee und im Nordwesten erhebt sich der Feldberg mit Seebuck und Herzogenhorn.

Weiter auf dem Schluchtensteig erwartet Sie nach wenigen Schritten ein schöner Rastplatz, bevor die Serpentinen bergab zum Schluchsee führen. Unten geht es unter den Bahngleisen hindurch und über eine Treppe zum Hotel Auerhahn ❷, in unmittelbarer Ufernähe.

Schluchsee-Aha

Auerhahn Hotel, Vorderaha 4, 79859 Schluchsee, ☏ 076 56/248 99 88, contact@auerhahn-hotel.com, www.auerhahn-hotel.com, bei Redaktionsschluss wurde das Hotel komplett renoviert und die Neueröffnung für Sommer/Herbst 2023 geplant (weitere Informationen werden zur Neueröffnung auf der Homepage verfügbar sein).

⛺ Naturcamp Schluchsee, Vorderaha 8, 79859 Schluchsee, info@naturcamp-schluchsee.de, www.naturcamp-schluchsee.de, Ü ab € 14, Apr-Okt, verschiedene Optionen vom eigenen Zelt über Baumhäuser bis zum Tiny House

Der Bahnhof Schluchsee-Aha liegt an der Strecke der Drei-Seen-Bahn zwischen Titisee und Seebrugg.

Per Bahn kommen Sie nach Schluchsee.

Schluchsee

(ca. 4 km östlich von Schluchsee-Aha)

Tourist-Information Schluchsee, Fischbacher Straße 7, 79859 Schluchsee, 076 52/12 06 85 06, schluchsee@hochschwarzwald.de, www.schluchsee.de, Mo-Fr 9:00-16:00

Wochner's Hotel Sternen, Dresselbacher Straße 1, 79859 Schluchsee, 076 56/988 70, info@sternen-schluchsee.de, www.sternen-schluchsee.de, ÜF EZ ab € 73, DZ ab € 136, Restaurant: Fr-Mi warme Küche 11:30-13:30 und ab 17:00, Do Ruhetag

Campingplatz Schluchsee, Gewann Zeltplatz 1, 79859 Schluchsee, 076 56/573, info@camping-schluchsee.de, www.camping-schluchsee.de, Ü ab € 16,50, ganzjährig

Der Bahnhof Schluchsee ist von Aha stündlich mit der S1 erreichbar.

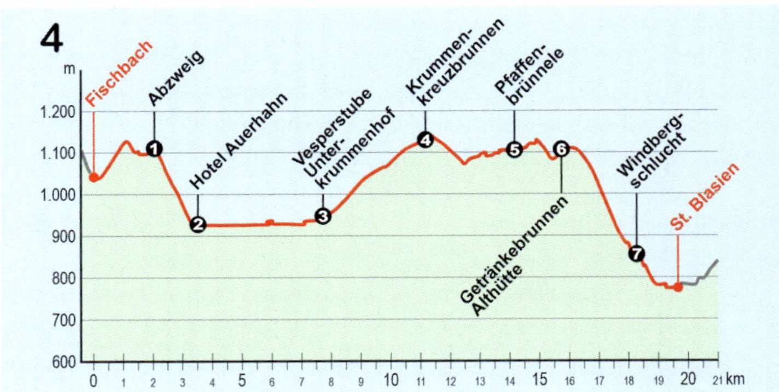

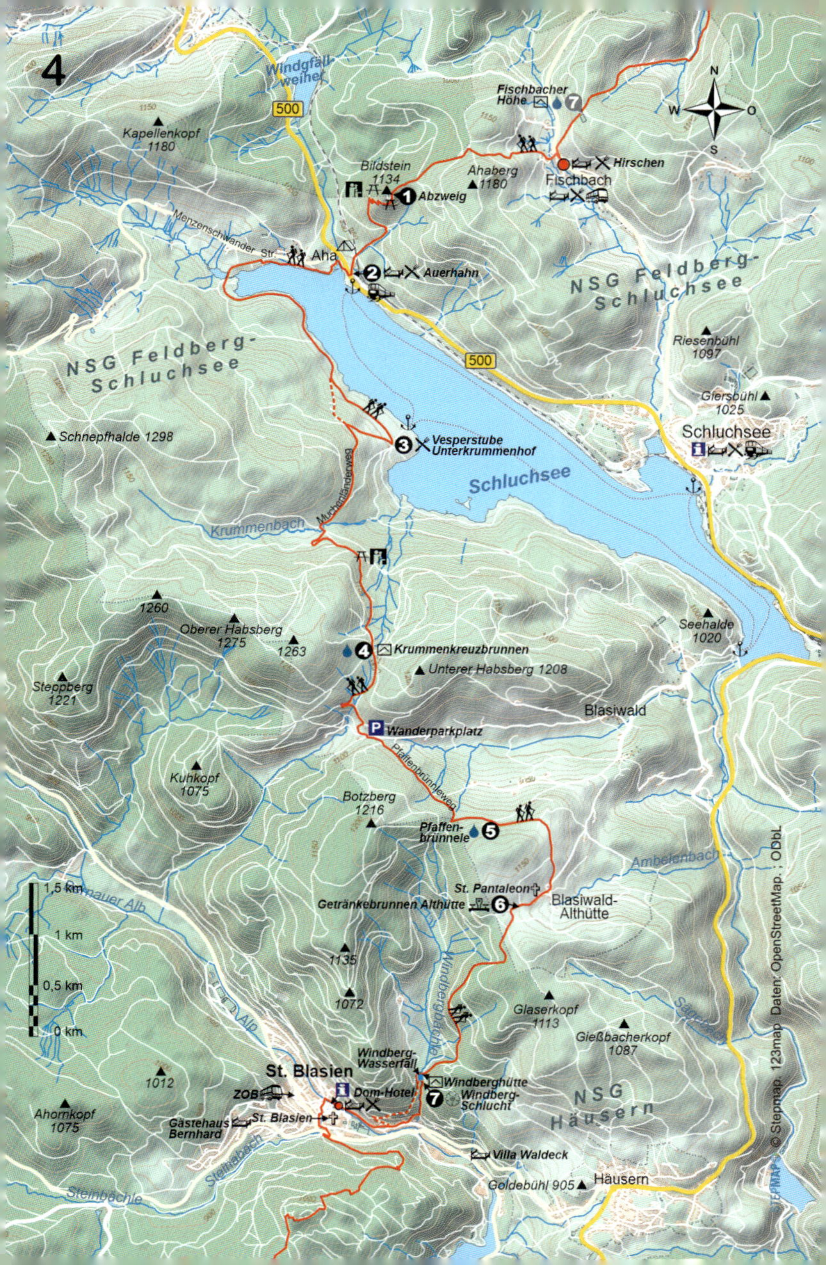
4
Windgfällweiher
500
Kapellenkopf 1180
Fischbacher Höhe
7
Bildstein 1134
Ahaberg 1180
Hirschen
Fischbach
1 Abzweig
Menzenschwander Str.
Aha
2 Auerhahn
NSG Feldberg-Schluchsee
NSG Feldberg-Schluchsee
Riesenbühl 1097
Giersbühl 1025
Schluchsee
Schnepfhalde 1298
3 Vesperstube Unterkrummenhof
Schluchsee
Muchenländerweg
Krummenbach
1260
Oberer Habsberg 1275
1263
Seehalde 1020
4 Krummenkreuzbrunnen
Unterer Habsberg 1208
Steppberg 1221
Blasiwald
Wanderparkplatz
Pfaffenbrünnleweg
Kuhkopf 1075
Botzberg 1216
Pfaffenbrünnele 5
Ambelenbach
St. Pantaleon
Blasiwald-Althütte
Getränkebrunnen Althütte 6
1,5 km
1 km
0,5 km
0 km
1135
1072
Windbergbächle
Glaserkopf 1113
Gießbacherkopf 1087
Windberg-Wasserfall
St. Blasien
Windberghütte
Dom-Hotel
7 Windberg-Schlucht
NSG Häusern
ZOB
1012
Ahornkopf 1075
Gästehaus Bernhard
St. Blasien
Villa Waldeck
Steinabach
Häusern
Goldebühl 905
Steinbächle
© Stepmap, 123map Daten: OpenStreetMap, ODbL

Der Kurort Schluchsee liegt am Ostufer des gleichnamigen Stausees. Mit seiner Länge von 7,5 km, einer Breite von bis zu 1,4 km und einer maximalen Tiefe von 61 m ist der See ein Eldorado für alle, die Wassersport lieben. Überhaupt präsentiert sich der Ort als Urlaubsziel für Aktivtouristinnen und Aktivtouristen und lockt mit verschiedenen Wander- und Nordic-Walking-Strecken entlang des Seeufers und durch die schönen Waldgebiete sowie ausgeschilderten Radwegen und Mountainbikestrecken. Einmal im Jahr wird die Region zum Veranstaltungsort für das Finale der nationalen Triathlon-Liga. Wahrzeichen ist die Nikolauskirche. Der Turm mit Zwiebeldach stammt aus dem 13. Jahrhundert, das eigentliche Kirchengebäude selbst ist um einiges jünger: Es wurde 1982 geweiht.

Mithilfe der Unterführung überwinden Sie sicher die Bundesstraße und folgen dem Wanderweg am Seeufer nach rechts. Der zunächst schmale Fußweg führt an mehreren schönen Sandstränden vorbei und mündet dann in einen breiten Forstweg, auf dem auch zahlreiche Fahrräder um den Schluchsee kurven. Am Ufer laden viele Sitzgelegenheiten zu einer Pause ein, ansonsten vermittelt die breite Piste ohne Höhenunterschiede eher das Gefühl einer „Wanderautobahn“.

Der Schluchsee ist durch das Aufstauen des Flüsschens Schwarza entstanden und kann gleich zwei Superlative für sich verbuchen: Er ist der größte See im Schwarzwald und die Talsperre auf 930 m Höhe die höchstgelegene Talsperre in Deutschland. Die 35 m hohe Staumauer wurde von 1929 bis 1932 errichtet und der entstandene Stausee oberhalb des ursprünglichen Gletschersees dient als Oberstaubecken für das Pumpspeicherwerk Häusern.

Nach der Umrundung des nördlichen Seezipfels weist – knapp 300 m nach der dritten im GPS-Track markierten Bank – ein Wegweiser auf eine ⇘ Abkürzungsmöglichkeit hin, die Sie aber nur in Anspruch nehmen sollten, wenn Sie nicht am Unterkrummenhof einkehren möchten. Dann kehren Sie dem Schluchsee bereits an dieser Weggabelung den Rücken, verlassen den Uferweg und „sparen“ so etwa 1 km.

Für eine gemütliche Einkehr mit schönem Blick über den See dagegen folgen Sie dem Uferwanderweg noch für knapp einen weiteren Kilometer bis zur urigen ✕ Vesperstube Unterkrummenhof ❸.

✕ Vesperstube Unterkrummenhof, Unterkrummenweg 3, 79859 Schluchsee,
☏ 076 56/15 00, ✉ alex-schmidle@web.de, 💻 www.unterkrummenhof.info,
🚪 im Sommer täglich 10:00-18:00 (Nebensaison Mo und Di Ruhetag)

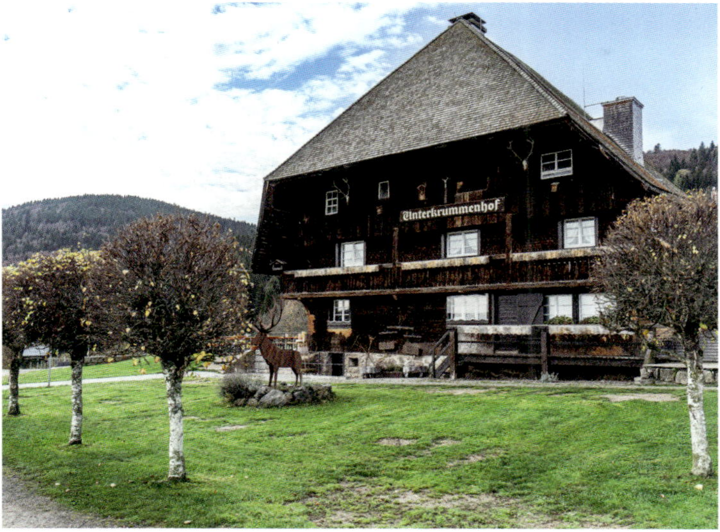

Urige Einkehr im Unterkrummenhof

Vor der Vesperstube geht es gemächlich rechts bergan und Sie verabschieden sich vom Schluchsee. Auf einer großen Lichtung, nach etwa 1,7 km, halten Sie sich an der Weggabelung links und wandern anschließend auf dem Muchenländerweg rechts hinauf. Nach weiteren 800 m erreichen Sie einen ersten ⛼ Rastplatz mit schönem Blick über den See. Dem Muchenländerweg weiter leicht aufwärts folgend erreichen Sie bald darauf den höchsten Punkt der Etappe am idyllisch gelegenen 💧 Krummenkreuzbrunnen ❹ und der gleichnamigen ⌂ Schutzhütte schräg

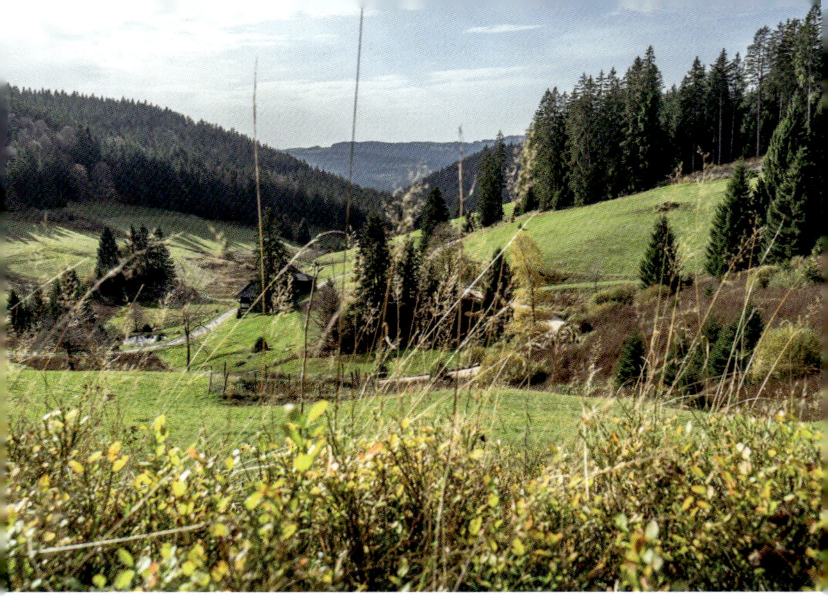

Blick über die Wiesen bei Muchenland

gegenüber. Die schattige Lichtung bietet sich bestens für eine kleine Pause nach dem langen Anstieg an.

Am Ende der großen Lichtung halten Sie sich an der Gabelung rechts und wandern abwärts bis zum Wanderparkplatz Muchenland, wobei sich unterwegs weite Ausblicke über das malerische Hochtal bieten. Dem Wittemleweg folgend verschwindet der Schluchtensteig erneut im Wald. Sie erreichen eine kleine Lichtung, biegen nach links in den Pfaffenbrünnleweg ab und gelangen nach 400 m zum ● Pfaffenbrünnele ❺.

Anschließend folgen Sie weiter dem breiten Forstweg leicht bergan und müssen oben auf der Hochfläche zweimal einen Weidezaun durchqueren. Dahinter treffen Sie auf eine Straße, der Sie nach rechts talwärts folgen, und spazieren durch den kleinen Schwarzwald-Bilderbuchort Blasiwald-Althütte.

Etwa 200 m nach der kleinen ✞ St.-Pantaleon-Kirche finden Sie am rechten Wegrand eine schöne Holzbank und den Getränkebrunnen Althütte ❻, in dem gekühlte Getränke für eine kleine Erfrischung bereitstehen.

Sie halten sich an der Gabelung links und erreichen am Wanderparkplatz wieder den Waldrand, wo rechts am Wegesrand eine mächtige, über 250 Jahre alte Weißtanne zu bestaunen ist.

Nach etwa 2 km im Wald erreichen Sie die ⌂ Windberghütte. Hier gehen Sie geradeaus weiter, halten sich hinter der kleinen Brücke links und biegen dann wenige Meter weiter an der Holzbank scharf links in die idyllische ✿ Windbergschlucht ❼ am östlichen Ortsrand von St. Blasien ab.

✋ ↳ Bei Hochwasser ist die Windbergschlucht unpassierbar. Die Umleitung führt dann westlich der Schlucht auf dem Blasiwälderweg nach St. Blasien.

Gleich zum Auftakt stürzt das Wasser über 6 m in die Tiefe, dann geht es über zahlreiche Brücken mal links, mal rechts vom Windbergbächle und vorbei an weiteren, kleineren Wasserkaskaden hinab zu den ersten Häusern von St. Blasien. Auf der Straße wandern Sie nach rechts abwärts und treffen auf die Hauptstraße, der Sie ebenfalls nach rechts folgen. Kurz darauf stehen Sie vor dem mächtigen ✝ Kuppeldom in der Stadtmitte.

Abstieg durch die wildromantische Windbergschlucht

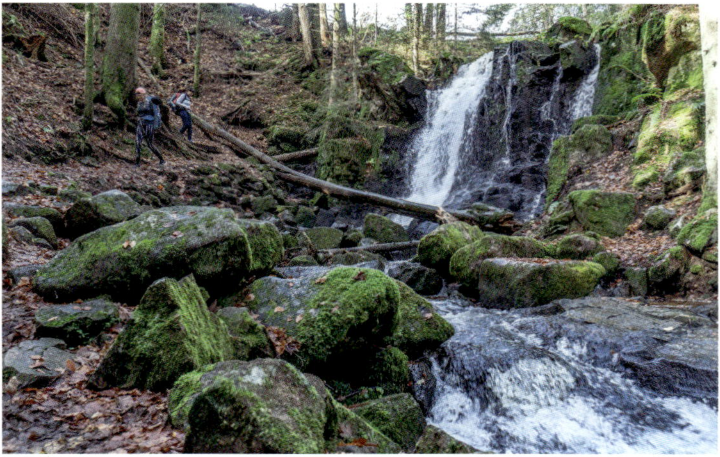

Der heilige Blasius

Namensgeber von Stadt und Dom ist der Bischof und Märtyrer Blasius. Er war ein Arzt im armenischen Sebaste, der heutigen Stadt Sivas im türkischen Kappadokien, der sich zum Christentum bekannte und 308 zum Bischof der Gemeinde in Sebaste gewählt wurde. Nur acht Jahre später starb er während der Christenverfolgung im Römischen Reich als Märtyrer. Auf dem Weg zu seiner Hinrichtung soll er, so will es die Legende, einem Jungen, der zu ersticken drohte, die Fischgräte aus dem Hals gebetet haben und gilt seither als Schutzpatron gegen Halsschmerzen. Im 9. Jahrhundert brachten dann Benediktinermönche Reliquien des heiligen Blasius in das Schwarzwaldtal der heutigen Stadt St. Blasien.

St. Blasien

Tourist-Information St. Blasien, Am Kurgarten 1-3, 79837 St. Blasien, 076 52/12 06 85 50, st.blasien@hochschwarzwald.de, www.stblasien.de, Mo-Fr 9:00-16:00

Der eindrucksvolle Dom in St. Blasien

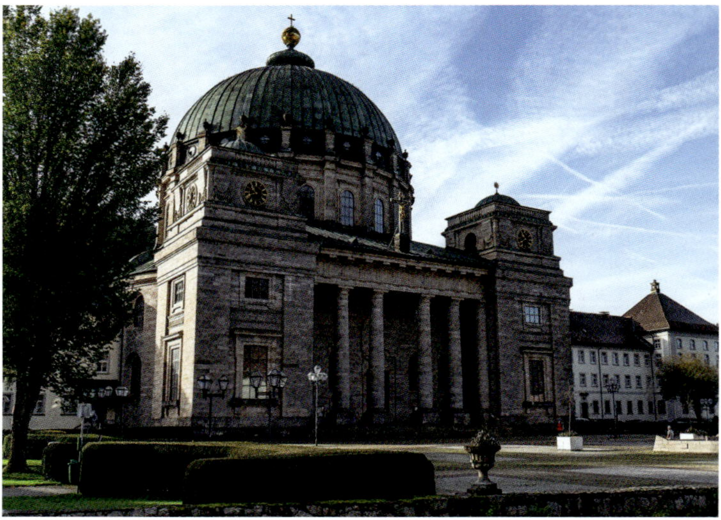

Dom-Hotel, Hauptstraße 4, 79837 St. Blasien, ☎ 076 72/92 46 90, info@dom-hotel-st-blasien.de, www.dom-hotel-st-blasien.de, ÜF EZ ab € 70, DZ ab € 110, Restaurant: Mo 10:00-18:00, Mi-So 10:00-22:00 (warme Küche 11:45-14:00 und 18:00-20:30), Di Ruhetag

Pension Villa Waldeck, Albtalstraße 41,79837 St. Blasien, 01 52/59 52 66 62, kontakt@villawaldeck.de, www.villawaldeck.de, ÜF EZ € 45, DZ ab € 80, ➲ ca. 0,5 km vom Schluchtensteig entfernt

♦ Gästehaus Bernhardt, Hasenmatt 3, 79837 St. Blasien, ☎ 076 72/21 32, info@gaestehaus-bernhardt.de, www.gaestehaus-bernhardt.de, ÜF EZ € 40, DZ € 71, ➲ ca. 0,8 km vom Schluchtensteig entfernt

✝ Dom St. Blasien, ☎ 076 72/678 (Pfarramt), info@se-stblasien.de, www.dom-st-blasien.de, April-Okt täglich 8:30-18:30 (im Winter 8:30-17:00), keine Besichtigung während der Gottesdienste oder Veranstaltungen

⌘ Kreismuseum St. Blasien, Am Kurgarten 1-3, 79837 St. Blasien, ☎ 076 72/414 37, Di-So 14:30-17:00, Mo geschlossen

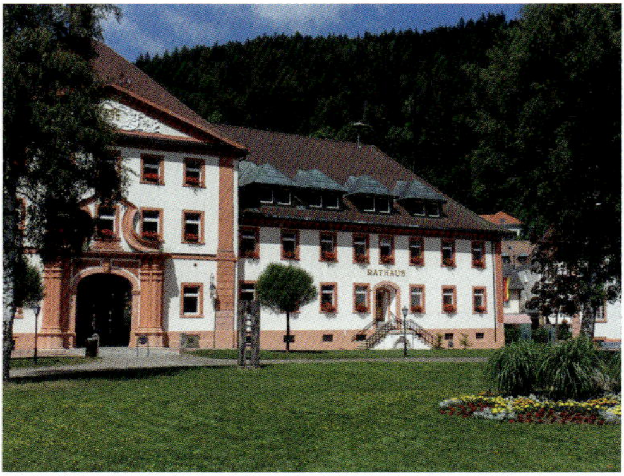

Rathaus St. Blasien (© Michael Hennemann)

Das Stadtbild von St. Blasien im Flusstal der Alb wird von einer weitläufigen Klosteranlage und dem mächtigen Dom im frühklassizistischen Stil geprägt. Die heutige Kuppelkirche wurde anstelle einer zweitürmigen Barockkirche errichtet, die in der zweiten Hälfte des 18. Jahrhunderts niedergebrannt war. Von Ende Juni bis Anfang September werden hier internationale Sommerkonzerte veranstaltet, für die bekannte Chöre, Musikensembles sowie Organistinnen und Organisten aus der ganzen Welt nach St. Blasien kommen.

Das Kloster zu St. Blasien, hervorgegangen aus der kleinen Cella Blasii aus dem 9. Jahrhundert, wuchs beständig und seine Niederlassungen erstreckten sich zu seiner Blütezeit bis weit in die Schweiz und in den Raum Stuttgart hinein. In der ersten Hälfte des 18. Jahrhunderts ließ der erste Abt des Klosters, Franz II. Schächtelin, die ursprünglichen Gebäude abreißen und die Klosteranlage in ihrer heutigen Form errichten.

1806 wurde das Kloster im Zuge der Säkularisierung aufgelöst und vorübergehend als Fabrik genutzt, in der u. a. Textilien und Waffen produziert wurden, bis 1933 der Jesuitenorden das Kloster kaufte und mit dem Kolleg St. Blasien ein Internat eröffnete, in dem heute rund 800 Jugendliche unterrichtet werden.

Ältestes und einziges erhaltenes Gebäude des mittelalterlichen Klosters ist der Marstall aus dem 11. Jahrhundert. Es beherbergt heute das Haus des Gastes mit der Tourist-Information. Im 2. Stock widmet sich das Museum St. Blasien der Geschichte und Entwicklung von Kloster und Dom und zeigt die Entwicklung des Tourismus in der Region. Schwerpunkt ist dabei der Wintersport und ausgestellt sind u. a. die ersten in Deutschland hergestellten Ski.

5. Etappe: St. Blasien – Todtmoos

19 km, 6 Std., ↑ 698 m, ↓ 641 m, ⇧ 773-1.116 m

0,0 km	⇧ 773 m	St. Blasien
3,3 km	⇧ 1.029 m	Lehenkopfturm
4,1 km	⇧ 986 m	Lehenhütte
6,1 km	⇧ 1.007 m	Aussichtspunkt Horbach
7,5 km	⇧ 1.003 m	Kreuzfelsenhütte
10,6 km	⇧ 1.072 m	Ibacher Friedenskreuz
12,1 km	⇧ 1.103 m	Aussichtspunkt Lampenschweine
16,4 km	⇧ 1.052 m	Ibacher Kreuz
19,0 km	⇧ 815 m	Todtmoos

Die vorletzte Schluchtensteigetappe beginnt mit dem Anstieg auf den Lehenkopf und bietet auf den ersten Metern einen guten Blick aus der Vogelperspektive zurück auf den eindrucksvollen Dom im Talkessel. Am Aussichtsturm auf dem Lehenkopf ist dann der anstrengendste Teil der Etappe bereits bewältigt, denn von nun an geht es in einer Höhenlage um die 1.000 m durch weite Bergwiesen, erst über die Dachsberger und dann über die Ibacher Höhe nach Westen und immer wieder bieten sich faszinierende Weitsichten bis zum Feldberg im Norden und den Alpengipfeln im Süden.

Nach dem Ibacher Kreuz bringt Sie dann ein schmaler, gewundener Pfad durch die enge Hohwehraschlucht hinab in das idyllische Etappenziel Todtmoos.

An der Hauptstraße starten Sie in Richtung Ortszentrum, überqueren den Fluss über die Brücke nach links und nehmen den Durchgang zwischen Rathaus und dem Hotel Klosterhof. Nun wandern Sie durch den Kurpark und hinter dem Pavillon gehen Sie kurz rechts und gleich links weiter über den Parkplatz. Am Partesgarten entlang folgen Sie dem Tusculumweg und verlassen diesen über einen schmalen Fußweg nach rechts. Dieser führt zu einer Straßenunterführung unter der Umgehungsstraße hindurch.

An der großen Weggabelung auf der gegenüberliegenden Straßenseite lohnt sich der Blick zurück auf die Kuppel des Doms, bevor Sie sich

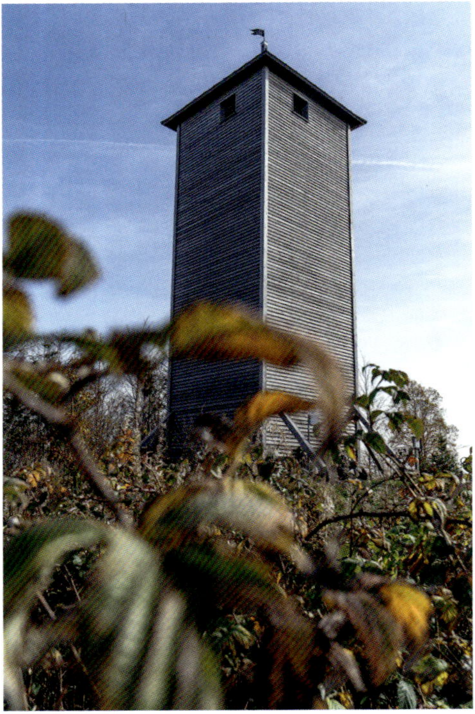

Nach einem knackigen Anstieg warten die Stufen hoch zum Lehenkopfturm

scharf nach links wenden. An der nächsten Gabelung mit einer Rastbank biegen Sie dann rechts auf den schmalen Pfad ab, der durch den Wald leicht, aber stetig bergan führt.

Von der Sitzbank am Jesuitenblick eröffnet eine Schneise im Wald den freien Blick zurück auf den Dom und über die Dächer der Stadt. Der Weg führt in einem weiten Bogen um den Lusthausfelsen herum und an der folgenden Kreuzung gehen Sie auf dem Forstweg etwa 25 m nach links, um dann an der nächsten Kreuzung dem Wegweiser nach rechts zu folgen. An der nächsten Gabelung beim Schwandbrünnele ist etwa die Hälfte des Aufstiegs geschafft. Hier halten Sie sich links und wandern bei einer Futterkrippe geradeaus über die kreuzende, unbefestigte Straße.

Anschließend geht es in einem Bogen durch den lichter werdenden Wald hinauf zum Lehenkopfturm ❶.

Der Lehenkopfturm wurde 1886 vom Kur- und Verschönerungsverein St. Blasien auf dem 1.039 m hohen Gipfel errichtet. 66 Stufen führen hinauf zur Aussichtsplattform mit Blick über die Stadt und den Hotzen-

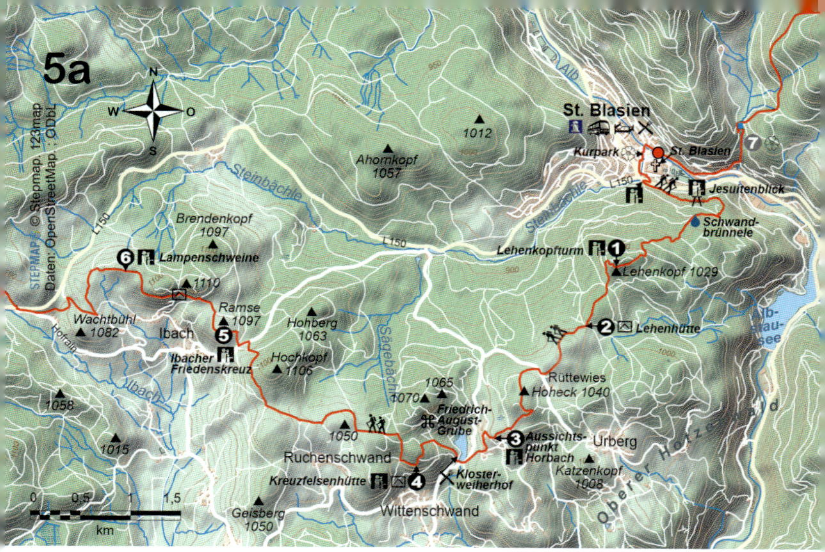

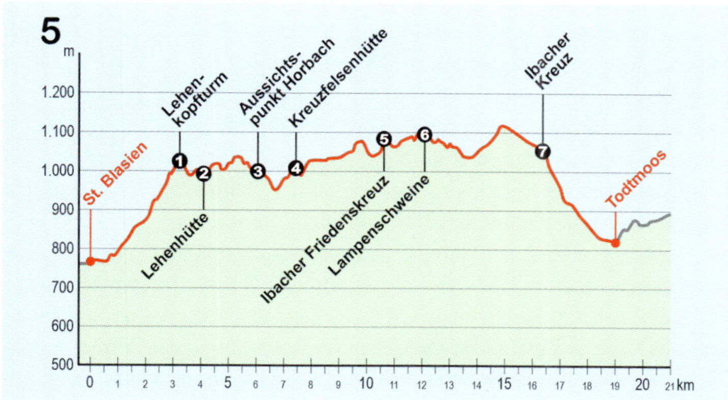

wald, wie das südlichste Gebiet des Südschwarzwalds mit sonnigen Hochebenen und Hochtälern bezeichnet wird. Der Name hat übrigens nichts mit dem Räuber Hotzenplotz zu tun, sondern erinnert an die typische Bekleidung der hiesigen Bauern aus „Hotzen", ein derbes Tuch aus Schafswolle. Bei klarer Sicht kann man sogar die Alpen am Horizont ausmachen.

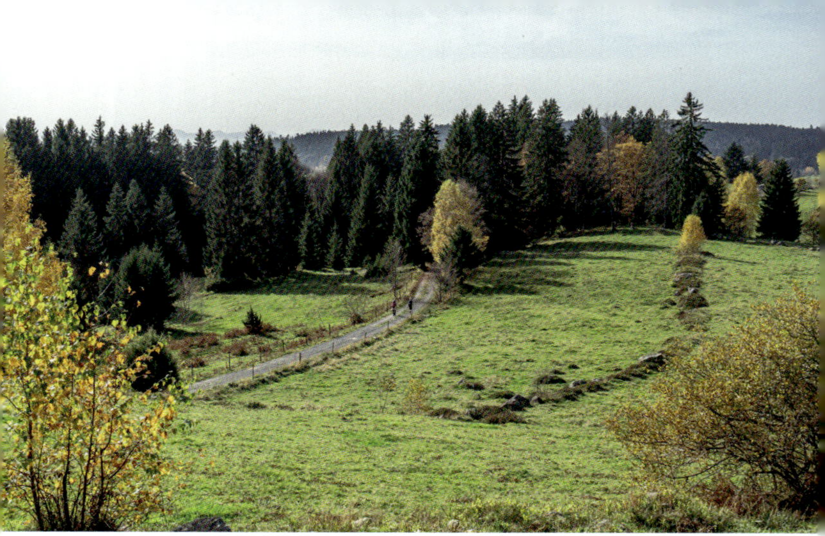

Typische Landschaft im Oberen Hotzenwald

Gegenüber dem Aussichtsturm führt der Schluchtensteig durch schönen Mischwald wieder bergab und weiter unten treffen Sie auf die ⌂ Lehenhütte ❷.

Hier folgen Sie dem breiten Forstweg leicht ansteigend nach rechts bis zu den vier Häusern von Rüttewies. An der Weggabelung kurz vor der Hauptstraße halten Sie sich rechts, folgen der Hauptstraße für 50 m und biegen durch das Weidezaungatter am linken Straßenrand auf die Wiesen ab. Der Weg verläuft nun durch eine abwechslungsreiche Landschaft, wie sie für den Oberen Hotzenwald typisch ist. Weitläufige Magerweiden wechseln sich mit Hoch- oder Niedermooren und naturnahen Mischwäldern ab. Nach den ersten Weideflächen (etwa 650 m ab der Straße) treffen Sie auf einen breiteren Forstweg, folgen diesem nach rechts und erreichen wenig später eine kleine Kreuzung im lichten Wald. Auf dem schmalen Pfad halb rechts steigen Sie auf und überschreiten eine herrliche Almwiese mit Blick bis zum Feldberg im Norden. Der Weg verläuft allerdings in südwestliche Richtung und Sie erreichen den Aussichtspunkt Horbach ❸ mit Blick über den Schweizer Jura und bei gutem Wetter bis zu den Alpen. Dank der aufgestellten Orientierungstafel lassen sich sogar einzelne Gipfel exakt identifizieren.

Im Anschluss an das Alpenpanorama führt der schmale Weg abwärts. Unten, bei den ersten Häusern von Horbach, folgen Sie der Straße Auf der Breite nach links und anschließend der Straße Zum Bürgle nach rechts weiter abwärts. An der Hauptstraße vor dem Klosterweiher, der dem Kloster St. Blasien bis zur Mitte des 19. Jahrhunderts als Fischteich diente, halten Sie sich links und biegen wenige Schritte weiter nach rechts zum 🛏 ✕ Landgasthof Klosterweiherhof ab, gehen links daran vorbei und dahinter in einer Rechtskurve bergan.

🛏 ✕ Landgasthof Klosterweiherhof, Am Klosterweiher 3, 79875 Dachsberg-Wittenschwand, ☏ 076 72/480 50 34, ✉ info@klosterweiherhof.com, 💻 www.klosterweiherhof.com, ÜF EZ ab € 65, DZ ab € 108, 🚪 Restaurant: Mi-Sa 10:00-22:00, So 10:00-20:00, Mo und Di Ruhetag

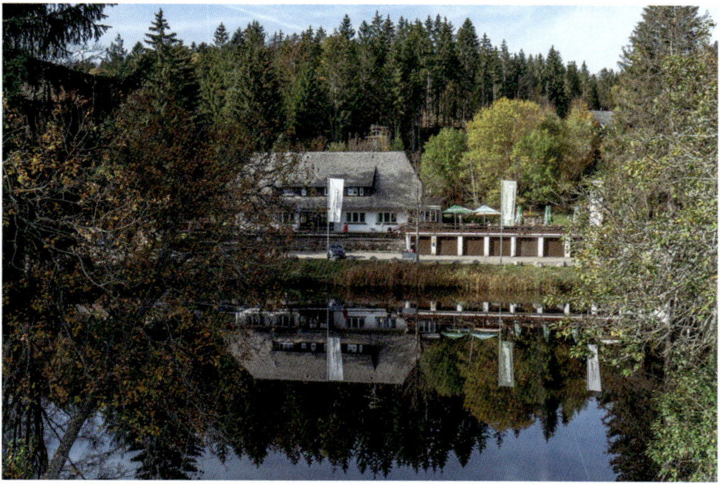

Landgasthof Klosterweiherhof

Etwa 350 m hinter dem Landgasthof erreichen Sie eine Wegkreuzung mit Infotafel. Geradeaus geht es zur Friedrich-August-Grube, die Markierungen für den Schluchtensteig biegen nach links ab und der Weg führt durch den Wald bergan.

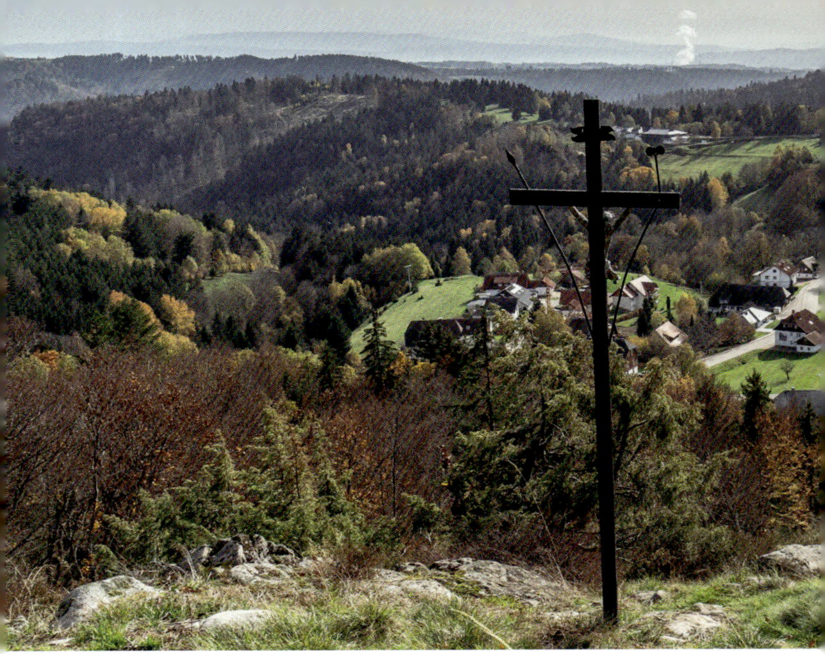

Ausblick von der Kreuzfelsenhütte

Friedrich-August-Grube

In der Friedrich-August-Grube wurde früher Nickel abgebaut, das dann in St. Blasien verhüttet und hauptsächlich in die Schweiz exportiert wurde, wo es zur Prägung von Münzen benötigt wurde. Die Schweiz war um 1850 der erste Staat, der die bis dahin gültigen Silbermünzen durch Münzen aus einer Nickelverbindung ersetzte. Heute ist das Gelände ein Besucherbergwerk mit einem frei zugänglichen Erkundungsstollen, der 25 m in den Berg hineinführt (Taschenlampe nicht vergessen!), und ein Naturerlebnisplatz mit vielen Informationen rund um das Thema Stein und das ehemalige Bergwerk. Die Grube ist außerdem Teil eines Naturschutzgebiets mit seltenen Flechten auf den ehemaligen Abraumhalden.

Gut 100 m weiter biegen Sie an der Gabelung nach links ab und erreichen bald die wunderschön gelegene Kreuzfelsenhütte ❹ mit Grillplatz, Rastbänken und Blick über die Dächer von Dachsberg.

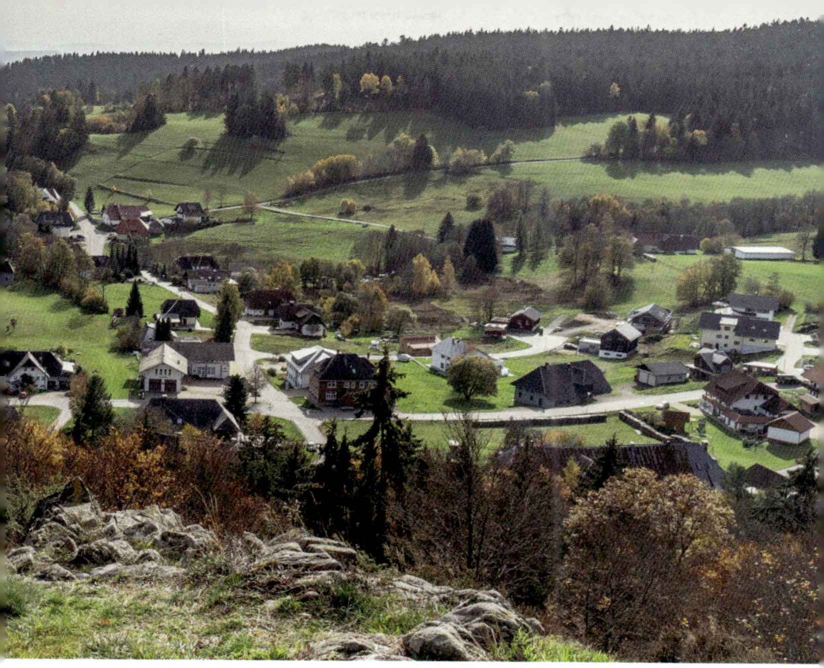

Anschließend führt der breite, einfach zu gehende Weg, nach einem kurzen Steilstück zu Beginn, ohne große Höhendifferenzen durch die Wiesen des Hochtals nach Westen. Nach gut 2,5 km stoßen Sie auf eine Straße, der Sie kurz nach links folgen, um sie dann aber gleich am Wanderparkplatz wieder nach rechts zu verlassen. Hinter dem Parkplatz steigen Sie auf einem schmalen Pfad nach links über die Wiese auf und gelangen oben zum Ibacher Friedenskreuz ❺. Zu Ihren Füßen mischen sich ein paar Schwarzwaldhöfe in Ibach in das Mosaik aus Feldern und die sich malerisch dazwischen hinschlängelnden Straßen. Bei optimalen Bedingungen reicht der Fernblick bis zur Schweizer Gipfelprominenz um Eiger, Mönch und Jungfrau.

Vom Kreuz wandern Sie weiter über die Wiese in Richtung Waldrand und folgen dort dem Forstweg nach links. Dieser führt über das Ibacher Hochtal, das in der Eiszeit vom Feldberggletscher geformt wurde. Weitere Stationen sind zuerst ein Schutzunterstand und dann der Aussichtspunkt Lampenschweine ❻, mit Blick über den Schwarzwald im Norden

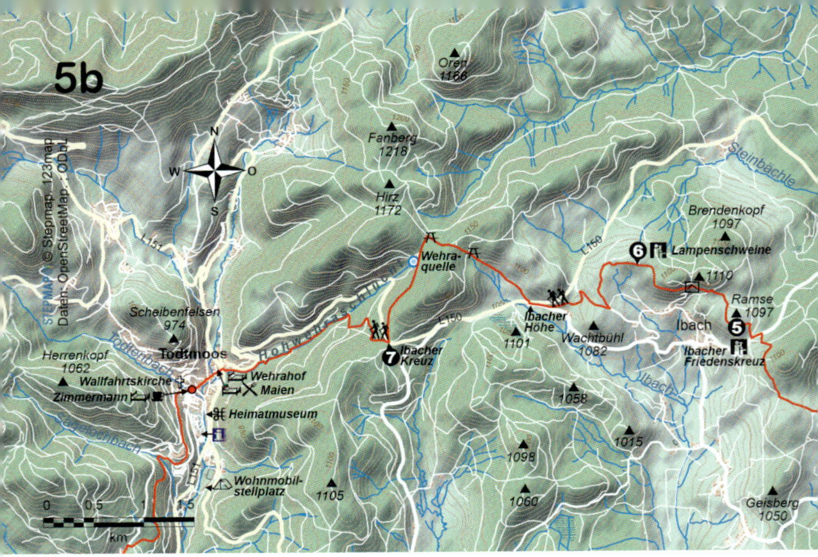

und die Alpen im Süden. Der merkwürdige Name erklärt sich durch den Begriff „schweinen", einen alten Ausdruck für das Roden des Walds.

Gut 800 m weiter treffen Sie oberhalb von einigen Häusern auf eine Straße. Hier halten Sie sich scharf rechts und biegen dann 350 m weiter nach links auf den Wiesenweg ab, der unterhalb der Landesstraße verläuft.

Nach weiteren gut 650 m überqueren Sie auf der Ibacher Höhe, neben der Bushaltestelle, die Landesstraße und wandern auf einem Feldweg bergan. Sie erreichen den Waldrand und halten sich an der Gabelung 100 m hinter der Rastbank links, ebenso an der nächsten Kreuzung mit einem breiteren Forstweg und einer weiteren Sitzbank. Von nun an geht es bis zum Etappenziel nur noch bergab und vorbei an der Wehraquelle erreichen Sie das Ibacher Kreuz ❼ an der Landesstraße.

Auf der gegenüberliegenden Straßenseite finden Sie einen schmaleren Pfad, der durch die Hohwehraschlucht bergab Richtung Todtmoos führt. Die Schlucht gibt sich weniger spektakulär als die bisherigen Schluchten und kommt ganz ohne Wasserfälle aus, dafür geht es recht idyllisch mal rechts, mal links neben dem seichten Bach talwärts. Unten entlässt Sie der Pfad am Hotel Wehrahof in Todtmoos. Nun überqueren Sie die Landesstraße leicht rechts versetzt und gelangen so auf die Hauptstraße und weiter ins Zentrum mit Souvenirläden, Cafés und Kurpark.

Todtmoos

Tourist-Information Todtmoos, Wehratalstraße 19, 79682 Todtmoos, 076 52/12 06 85 40, todtmoos@hochschwarzwald.de, www.hochschwarzwald.de, Mo-Fr 9:00-17:00

Hotel Maien, Hauptstraße 2, 79682 Todtmoos, 076 74/222, info@maien.de, www.maien.de, ÜF Preise auf Anfrage, Restaurant: warme Küche Mo und Di 17:30-20:30, Mi-So 11:30-14:00 und 17:30-20:30

Café Zimmermann, Kurparkweg 2, 79682 Todtmoos, 076 74/905 70, info@cafe-zimmermann-todtmoos.de, www.cafe-zimmermann-todtmoos.de, ÜF EZ ab € 50, DZ ab € 106, mit eigener Bäckerei und Café

Hotel Wehrahof, Hohwehraweg 1, 79682 Todtmoos, 076 74/929 60, hotel-wehrahof@web.de, www.hotel-wehrahof.de, ÜF EZ € 59, DZ € 102

Heimatmuseum Heimethus, Murgtalstraße 15, 79682 Todtmoos, 076 74/88 70, Mi, Fr, So und Fei 14:30-17:00

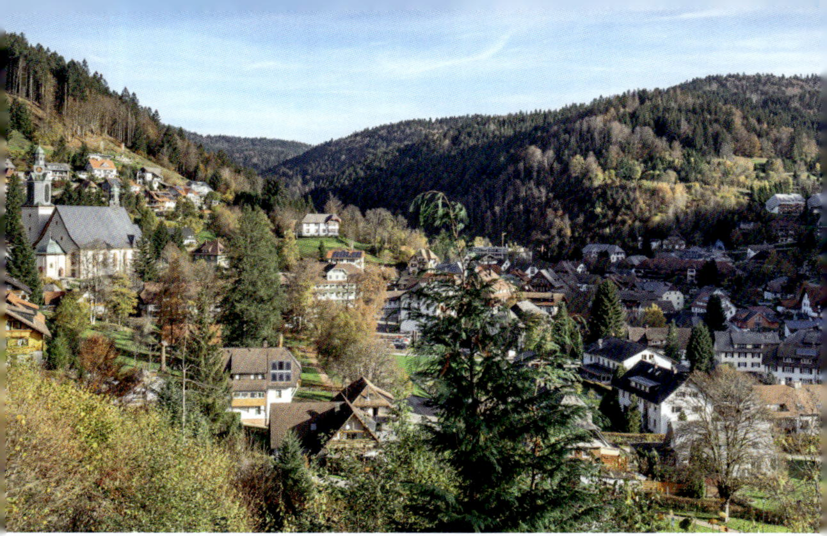

Blick auf den Kurort Todtmoos im Wehratal

☺ Wer mit dem eigenen Zelt unterwegs ist, findet auf dem ⛺ Wohnmobilstellplatz Todtmoos die Möglichkeit zur Übernachtung. Diesen erreichen Sie nach 1 km der folgenden Etappe und einem zusätzlichen Abstecher von etwa 800 m. Details folgen an der entsprechenden Stelle der Etappenbeschreibung.

Am Fuße des 1.263 m hohen Hochkopfs schmiegt sich der Kurort Todtmoos in das Wehratal. Im Jahr 1255 erschien einem Priester die Gottesmutter und flüsterte ihm ein, die Tanne auf dem Schönbühl zu fällen, um eine Kapelle zu errichten und so die Gifte über dem „totes Moor“ genannten Waldsumpf zum Versiegen zu bringen. Die Tanne wurde gefällt, eine Kapelle mit Marienbild errichtet und Todtmoos zum Wallfahrtsort.

Lange Zeit unter der Habsburger Herrschaft fiel die Stadt 1806 an das Großherzogtum Baden. Zu den Sehenswürdigkeiten des kleinen Kurorts zählen die barocke Wallfahrtskirche und das in einem typischen, über 250 Jahre alten Schwarzwaldhaus untergebrachte Heimatmuseum Heimethus, welches die Geschichte des Wallfahrtsortes sowie des Bergbaus in der Region erzählt.

6. Etappe: Todtmoos – Wehr

23,3 km, 6 Std. 30 Min., ↑ 583 m, ↓ 1.028 m, ⇧ 334-910 m

0,0 km	⇧ 815 m	Todtmoos
3,0 km	⇧ 864 m	Schwarzenbach
5,7 km	⇧ 699 m	Sägewerk
10,0 km	⇧ 660 m	Lichtung
13,2 km	⇧ 568 m	Bushaltestelle (Wehratalstraße)
14,4 km	⇧ 648 m	Aussichtsbank Felsenhütte
15,6 km	⇧ 688 m	Alter Kohlplatz
20,0 km	⇧ 410 m	Wehra-Becken
23,3 km	⇧ 343 m	Wehr

Den Rahmen für die finale Etappe bildet die Wehraschlucht und der Schluchtensteig macht seinem Namen noch einmal alle Ehre. Mal hoch über dem Flussufer, mal die Wehra kreuzend führt der einsame Weg in einem stetigen Auf und Ab durch den Wald. Zwischendurch verengt sich das Tal noch einmal recht eindrucksvoll und allmählich senkt sich der Weg hinab zum Wehra-Becken. Über die Staumauer und weiter am Flussufer entlang geht es dann ins Zentrum des Städtchens Wehr.

Zwischen dem Kurpark und dem Café Zimmermann folgen Sie dem Kurparkweg an der Wallfahrtskirche vorbei und es geht gleich zu Beginn ordentlich bergan. Belohnt wird der Aufstieg mit schönen Blicken über den Todtmooser Talkessel. Nach 650 m erreichen Sie die Weggabelung unterhalb der Klinik Wehrawald, ein Reha-Zentrum der Deutschen Rentenversicherung. Hier wandern Sie geradeaus weiter bis zu einer engen Kurve, in der der Herrenkopfweg in die Schwarzenbacher Straße mündet.

Wenn Sie auf dem Wohnmobilstellplatz Todtmoos übernachten wollen, dann verlassen Sie den Schluchtensteig in dieser Kurve. Folgen Sie der Schwarzenbacher Straße hier nach links, nehmen den Sie ersten Abzweig nach rechts und steigen Sie anschließend auf dem Fußweg nach links ab. Dieser mündet in die Straße Im Wehragrund, die Sie geradeaus überqueren, und Sie folgen der kleinen Straße an der Wiese entlang. Vor dem Gebäude halten Sie sich links und verlassen die Straße in der Kurve auf den Fußweg, der über die Wehra zum Wohnmobilstellplatz führt (➲ ca. 800 m).

⛺ Wohnmobilstellplatz Todtmoos, Jägermatt 4, 79682 Todtmoos, ☏ 076 74/848 39, ✉ info@wohnmobilstellplatz-todtmoos.de, 💻 www.wohnmobilstellplatz-todtmoos.de, Ü pro Zelt ab € 17, April-Okt

Der Schluchtensteig folgt der Schwarzenbacher Straße hier nach rechts, vorbei am Parkplatz, bevor er nach 100 m nach links auf einen schönen Waldweg wechselt. Am Ortseingang von Schwarzenbach verlassen Sie den Wald und treffen wieder auf die Schwarzenbacher Straße, der Sie nun nach links durch den lang gezogenen Ort folgen. An der Gabelung vor der 🛏 Pension Sternen halten Sie sich links, gehen an dieser vorbei und erreichen die Straßenbrücke im Zentrum von Schwarzenbach ❶.

🛏 Pension Sternen, Hangstraße 4, 79682 Todtmoos-Schwarzenbach, ☏ 076 74/905 20, ✉ sternen.todtmoos@gmail.com, 💻 www.todtmoos-sternen.de, ÜF Preise auf Anfrage

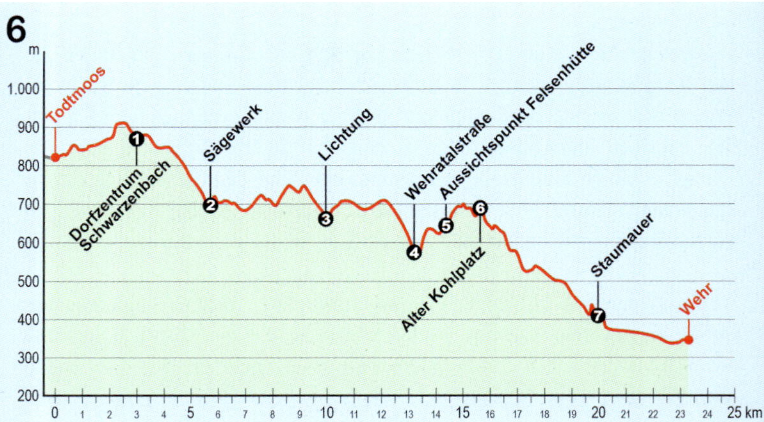

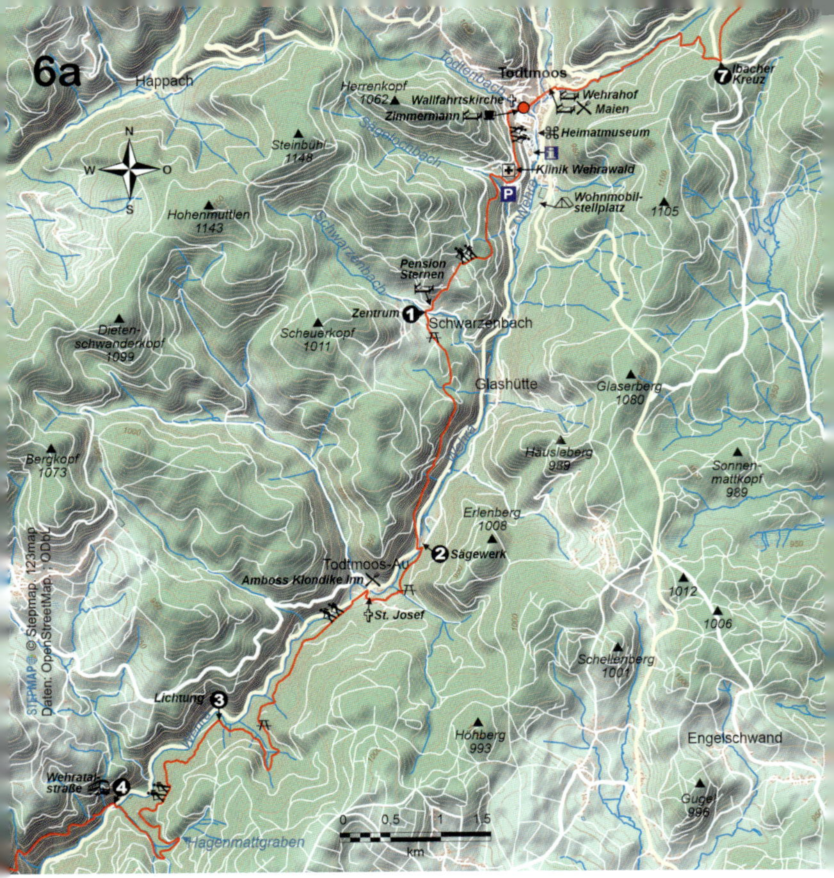

Hinter der Brücke gehen Sie am Parkplatz vorbei geradeaus auf den Gatterweg und in der nächsten Kurve – hoch oben auf dem Hügel thront die Todtmooser Sternenwarte – biegen Sie am Haus mit der Nr. 9 links ab auf den Schotterweg. Knapp 150 m weiter halten Sie sich an der Gabelung bei der Rastbank ebenfalls links. Der Weg verliert nun leicht an Höhe und führt gut 2 km durch den Wald hinab zur Wehra. Der Landesstraße folgen Sie 100 m nach rechts und wechseln dann über die Brücke nach links ans gegenüberliegende Ufer, an dem ein großes Sägewerk ❷ liegt.

Die Straße verlassen Sie direkt wieder und biegen nach rechts auf den Pfad ab, der Sie am Fluss entlang in Richtung Todtmoos-Au bringt. An einem ⛼ Rastplatz treffen Sie auf eine Weggabelung und nehmen den Weg nach scharf rechts über eine kleine Brücke und am ersten Haus von Todtmoos-Au vorbei. In der Folge passieren Sie den buddhistischen Verein und die kleine ✞ St.-Josefs-Kapelle und erreichen die Wehrer Straße.

➭ Wenige Meter nach rechts auf der Wehrer Straße befindet sich eine Einkehrmöglichkeit.

✕ Amboss Klondike Inn, Wehrer Straße 4, 79682 Todtmoos-Au, ☏ 076 74/920 50 16, Di ab 17:00, Mi-So ab 12:00, Mo Ruhetag, rustikales Gasthaus

Der Wehrer Straße folgen Sie nach links und biegen nach knapp 200 m bei der Infotafel vor der Brücke nach links auf den Waldweg ab, der sofort ordentlich zu klettern beginnt und Sie hoch über das Wehraufer führt.

Nach etwa 1,6 km erreichen Sie eine Gabelung mit Rastbank. Hier halten Sie sich rechts. Nach einem kurzen Zwischenabstieg erreichen Sie eine

Durch den idyllischen Hagenmattgraben hinunter zur Wehra

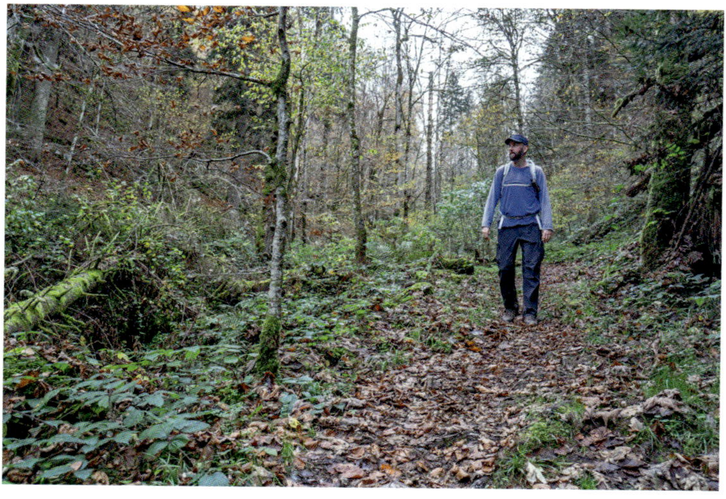

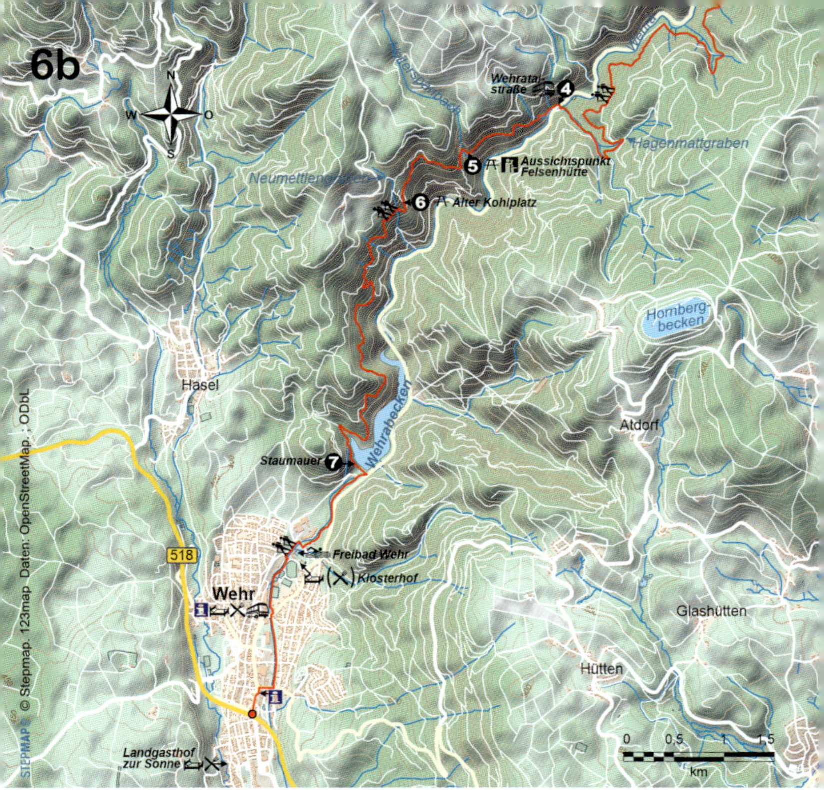

Spitzkehre und nehmen den rechten der beiden breiten Waldwege, der 800 m weiter in eine markante Lichtung ❸ mündet.

Folgen Sie hier dem schmalen Pfad nach links und vor Ihnen liegt der landschaftlich reizvollste Abschnitt der Schlussetappe. Es geht direkt an der steil zur Wehra hin abfallenden Talflanke weiter und immer wieder bieten lichte Stellen im Bergwald malerische Ausblicke in das Wehratal.

An der großen Gabelung mit drei Wegen, direkt unterhalb einer Hütte, halten Sie sich rechts, ebenso an der kurz darauf folgenden Gabelung. Gleich anschließend biegen Sie nach rechts auf den schmalen Pfad ab, der Sie direkt neben dem munter talwärts gluckernden ✿ Hagenmattgraben hinab zur Wehra bringt. Dort gelangen Sie, nach Überqueren der Brücke, zur Bushaltestelle „Wehratalstraße" ❹.

Hinter der Bushaltestelle taucht der schmale Pfad wieder in den dichten Wald ein und steigt gemächlich auf. Nach knapp 1,2 km erreichen Sie die Rastbank am Aussichtspunkt Felsenhütte ❺, von der Sie einen schönen Ausblick ins Wehratal und auf die Felsenhütte auf der gegenüberliegenden Talseite genießen können.

Weiter durch den naturbelassenen Bannwald überqueren Sie zunächst den Heiterspanbach und gelangen gut 1 km weiter an eine unscheinbare Weggabelung, die etwas irreführend markiert ist. Nehmen Sie hier den rechten, leicht ansteigenden Weg. Kurz darauf erreichen Sie den schattigen Rastplatz Alter Kohlplatz ❻.

Hinter dem Rastplatz führt ein schmaler Pfad hinunter und in der Folge überqueren Sie zunächst den Neumettlengraben, anschließend auch den Mettlengraben. Der Pfad mündet in einen breiten Forstweg, dem Sie nun nach rechts folgen.

An der nächsten Gabelung wandern Sie auf dem Stollisgrabenweg nach links und steigen langsam zur Staumauer am Wehra-Becken ❼ ab.

Nach der Staumauer gelangen Sie an eine Schranke, halten sich rechts, steigen die Treppenstufen hinab und gehen unten auf der Straße nach links weiter, stets am Wehraufer entlang, vorbei am Forellenbecken des Angler-

Holzbrücken helfen über Bäche in den kleinen Quertälern

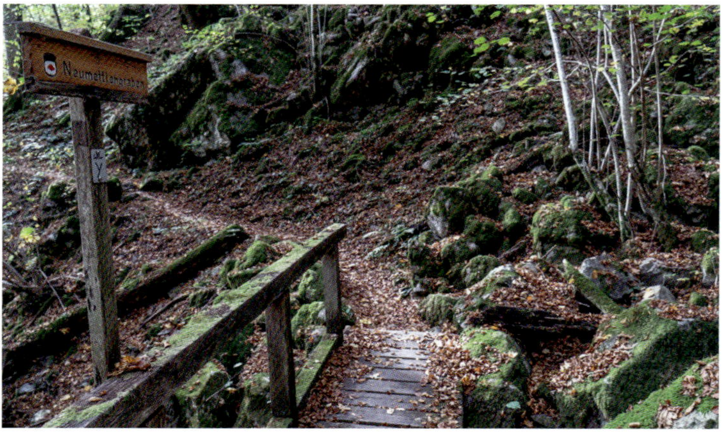

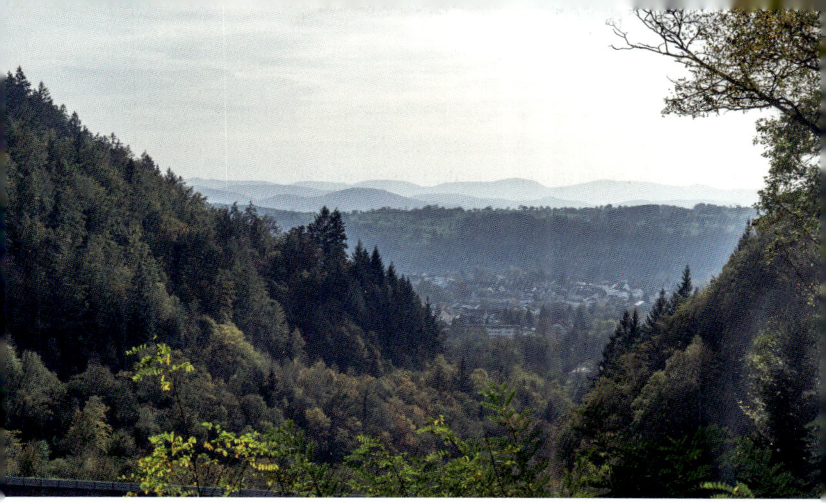

Den Zielort Wehr fest im Blick

vereins. In der Kurve, die auf die Hauptstraße zusteuert, verlassen Sie die Straße und wandern rechts auf dem Fußweg weiter.

Vor dem Wehrer Freibad wechseln Sie kurzzeitig ans rechte Wehraufer, aber schon beim Parkplatz geht es wieder zurück und Sie folgen nun dem Weg am linken Ufer, vorbei am Minigolfplatz und den Sportanlagen, weiter in Richtung Stadtmitte. Am Ortsrand halten Sie sich in der Todtmooser Straße kurz rechts und wechseln direkt vor der Brücke auf die andere Straßenseite, wo Sie rechts dem Fuß- und Radweg an der Wehra entlang folgen. Hinter der überdachten Holzbrücke biegen Sie dann nach rechts in die Waldstraße ab, gehen am Alten Schloss vorbei und biegen links auf die Hauptstraße, die Sie zum 🚌 Busbahnhof im Zentrum von Wehr bringt.

Wehr

ℹ 🛏 ✕ ☕ 🛒 ⚕ BANK ⌘ 🚌

ℹ Tourist-Information Wehr, Hauptstraße 14, 79664 Wehr, ☏ 077 62/80 86 01, ✉ tourist-info@wehr.de, 💻 www.wehr.de, 🚪 Mo-Fr 8:00-12:00, zusätzlich Di 14:00-16:00 und Do 15:00-18:30

🛏 ✕ Landgasthof zur Sonne (ca. 0,7 km vom Schluchtensteig entfernt), Enkendorfstraße 38, 79664 Wehr, ☏ 077 62/84 84, ✉ info@hotel-sonne-wehr.de, 💻 www.hotel-sonne-wehr.de, ÜF EZ ab € 68, DZ ab € 115, 🚪 Restaurant: warme Küche Di-Fr 17:30-21:00, Sa 12:00-13:30 und 17:30-21:00, So und Mo Ruhetag

🛏 (✕) Hotel Klosterhof, Frankenmatt 8, 79664 Wehr, ☏ 077 62/520 90, ✉ info@klosterhofwehr.de, 💻 www.klosterhofwehr.de, ÜF EZ € 90, DZ € 150, 🚪 Restaurant (nur für Hotelgäste): Mo-Mi, Fr und Sa ab 17:30, Do und So Ruhetag

⌘ Stadtmuseum, Hauptstraße 14 (im Anbau der Stadthalle), 79664 Wehr, ☏ 077 62/80 86 01, ✉ info@stadtmuseum-wehr.de, 💻 www.stadtmuseum-wehr.de, 🚪 Mo, Di, Do und Fr 8:00-12:00, zusätzlich Di 14:00-16:00 und So 14:00-17:00

♦ Brennet Textilmuseum, Im Hammer 2, 79664 Wehr, ✉ rita.augstein@brennet.de, 💻 www.textilmuseum-der-brennet.de, 🚪 jeden 2. und 4. Sonntag im Monat 14:00-17:00

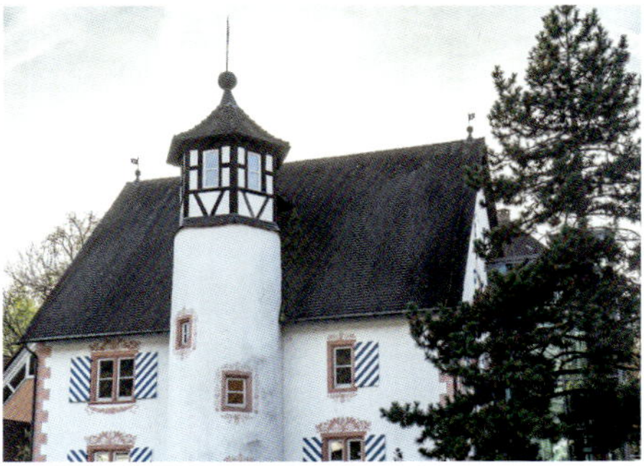

Altes Schloss in Wehr

Über 500 Jahre lang war Wehr fest im Griff der Herren von Schönau. Zeuge ihrer Macht ist das Ensemble aus Altem Schloss von 1570 mit melodiösem Glockenspiel und Neuem Schloss von 1748, heute Sitz des Rathauses. Im Anbau der benachbarten Stadthalle ist das Stadtmuseum untergebracht, welches das Mittelalter sowie die Badische Revolution 1848 zum Schwerpunkt hat. Auf dem Rathausplatz erinnert der Walther-von-Klingen-Brunnen an den Grundherren und Minnesänger.

Schon im Mittelalter gab es ein Eisenwerk, später kamen Papier- und Textilindustrie hinzu und mit der industriellen Revolution wurde Wehr zu einem dynamischen Produktionsstandort. Das Firmenmuseum der Brennet AG behandelt auf vier Etagen die Geschichte der Textilindustrie in Südbaden.

Vor dem historischen Storchehus aus dem 16. Jahrhundert, mit seinem Treppengiebel, ist die Bronzeplastik Viola 90 zu bewundern. Sie ist der Geigenvirtuosin Anne-Sophie Mutter gewidmet, die ihre Jugend in Wehr verbrachte.

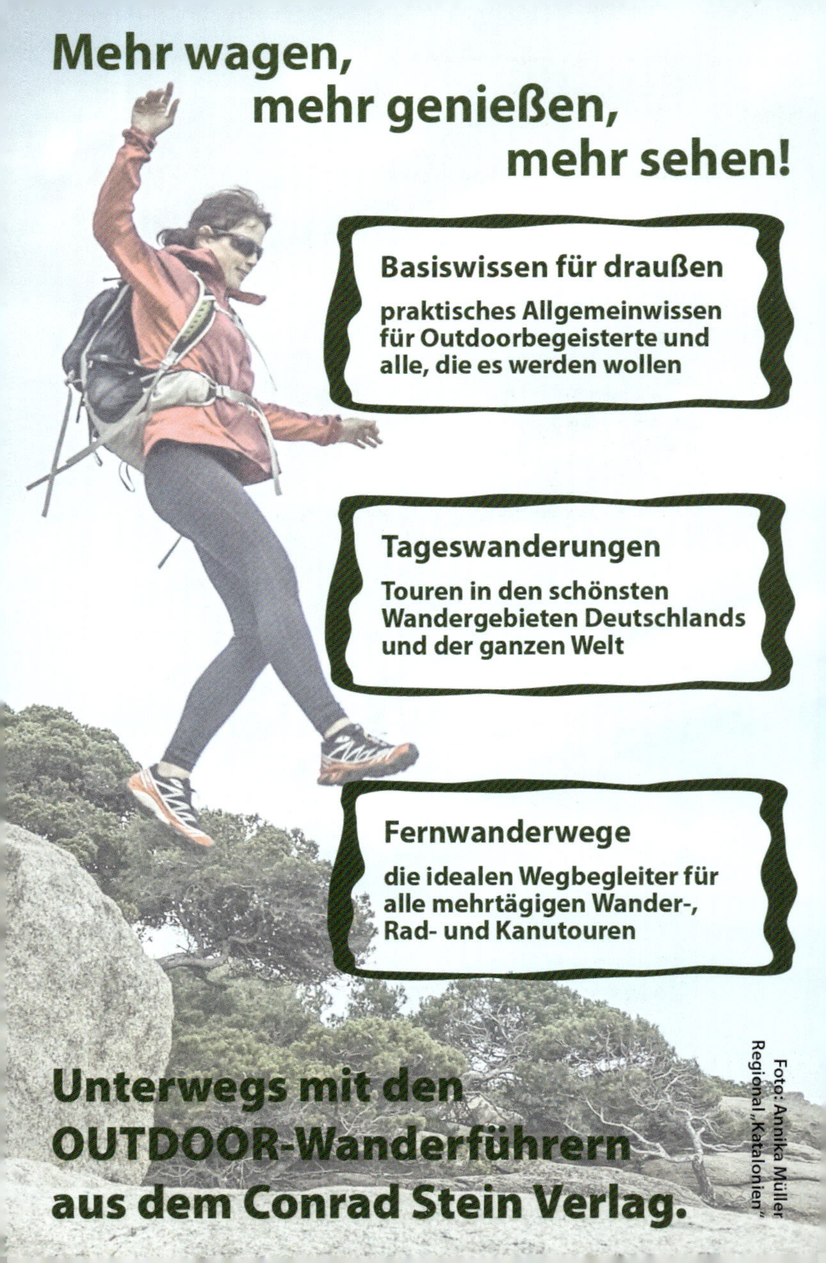
Mehr wagen,
mehr genießen,
mehr sehen!
Basiswissen für draußen
praktisches Allgemeinwissen für Outdoorbegeisterte und alle, die es werden wollen
Tageswanderungen
Touren in den schönsten Wandergebieten Deutschlands und der ganzen Welt
Fernwanderwege
die idealen Wegbegleiter für alle mehrtägigen Wander-, Rad- und Kanutouren
Unterwegs mit den OUTDOOR-Wanderführern aus dem Conrad Stein Verlag.
Foto: Annika Müller
Regional „Katalonien"

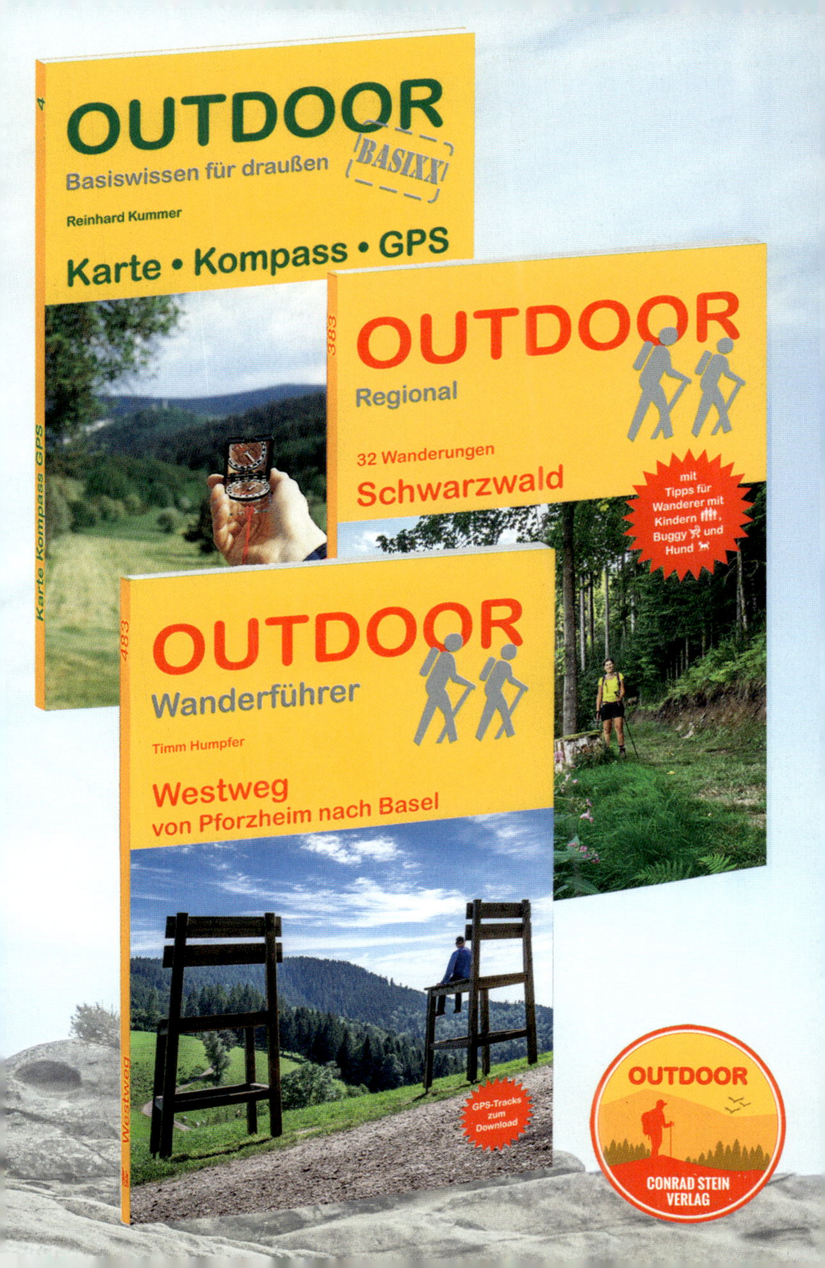

4
OUTDOOR
Basiswissen für draußen
BASIXX
Reinhard Kummer
Karte • Kompass • GPS
Karte Kompass GPS
383
OUTDOOR
Regional
32 Wanderungen
Schwarzwald
mit Tipps für Wanderer mit Kindern, Buggy und Hund
483
OUTDOOR
Wanderführer
Timm Humpfer
Westweg
von Pforzheim nach Basel
GPS-Tracks zum Download
Westweg
OUTDOOR
CONRAD STEIN VERLAG

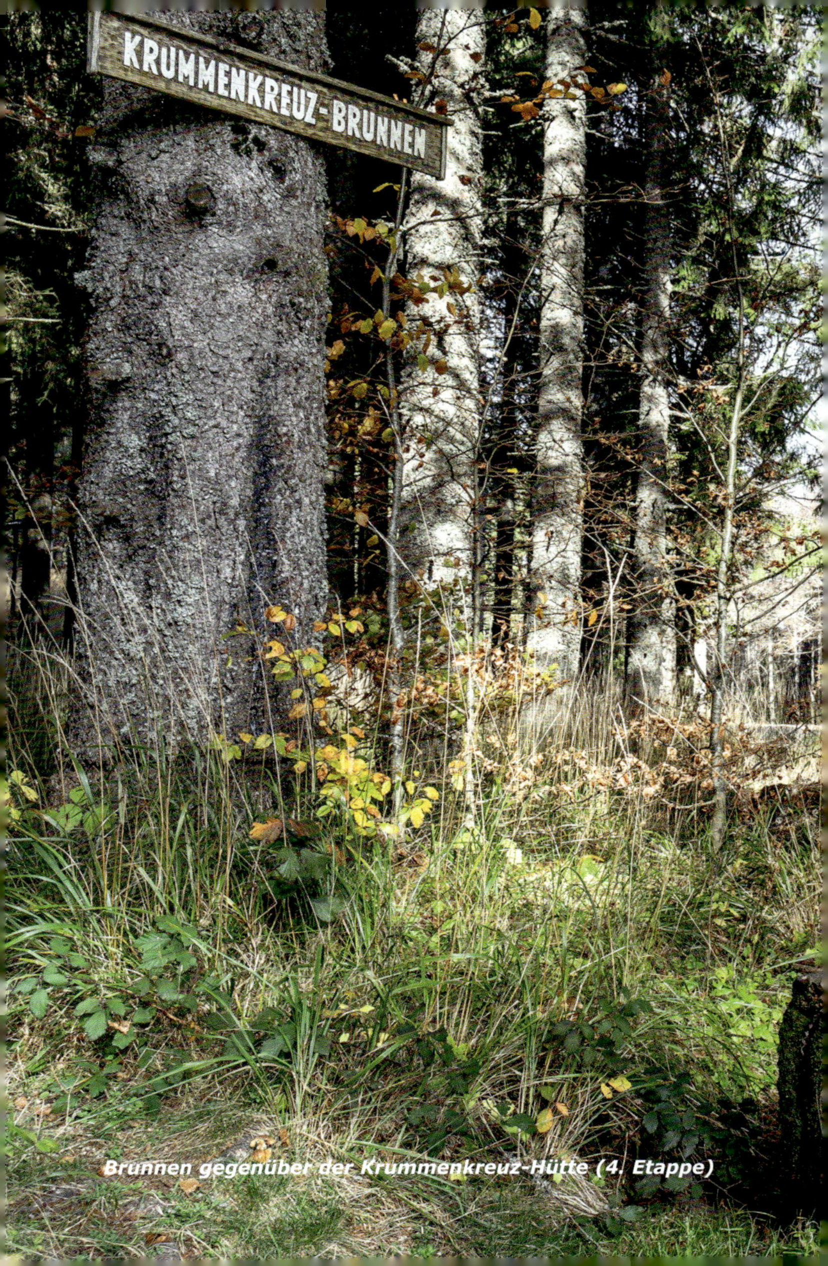

Brunnen gegenüber der Krummenkreuz-Hütte (4. Etappe)